厚德博學

經濟匡時

匡时 青年学者文库

# "一带一路"建设的经济效应研究

李艳华◎著

Research on the Economic Effects of

The Belt and Road Initiative

 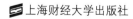上海财经大学出版社

**图书在版编目(CIP)数据**

"一带一路"建设的经济效应研究/李艳华著 . —上海:上海财经大学
出版社,2021.5
(匡时·青年学者文库)
ISBN 978-7-5642-3738-7/F·3738

Ⅰ.①—… Ⅱ.①李… Ⅲ.①"一带一路"-经济效益-研究
Ⅳ.①F125

中国版本图书馆 CIP 数据核字(2021)第 046290 号

□ 责任编辑 杨 闯
□ 封面设计 张克瑶

### "一带一路"建设的经济效应研究

李艳华 著

上海财经大学出版社出版发行
(上海市中山北一路 369 号 邮编 200083)
网 址:http://www. sufep. com
电子邮箱:webmaster@sufep. com
全国新华书店经销
江苏凤凰数码印务有限公司印刷装订
2021 年 5 月第 1 版 2021 年 5 月第 1 次印刷

710mm×1000mm 1/16 12.25 印张(插页:2) 176 千字
定价:68.00 元

# 目　录

# 1 导 论

## 1.1 问题的提出

党的十九大报告指出:"开放带来进步,封闭必然落后。中国开放的大门不会关闭,只能越开越大。要以'一带一路'建设为重点,坚持'引进来'和'走出去'并重,遵循'共商、共建、共享'原则,加强创新能力,开放合作,形成陆海内外联动、东西双向互济的开放格局。"我国东北地区北部属于内陆沿边地区,拥有充足的劳动力资源和自然资源、不断完善的基础设施。随着"一带一路"的建设,将逐步从开放末梢走向开放前沿,开放型经济发展空间广阔,要按照十九大报告精神,加大内陆和沿边地区开放力度,推动其从开放的洼地变为开放的高地,进而形成区域全面开放和协调发展新格局。

我国的周边战略环境从冷战结束后已经发生了重大变化,国家的经济、外交及军事影响力逐渐扩大。美国政府为了抵制中国等新兴国家的快速发展和在区域贸易中日益增长的话语权,推出了"亚太再平衡"政策,接连推行了《跨大西洋贸易与投资伙伴协定》和《跨太平洋战略经济伙伴协定》等战略和议题,其目的是为了继续强化以西方为主导的国际贸易旧秩序、降低中国等新兴国家在国际贸易中的话语权。美国政府的战略意图是通过地缘政治与安全战略安排来激活跨大西洋和太平洋的美欧战略联盟,主导构建以美国和欧盟国家为全球经济游戏规则制定者的国际贸易上层建筑,从而全面封锁与遏制中国和俄罗斯等国家的经济崛起。另外我国经济近十年来得到了快速稳定的发展,国家能源战略也发生了重大转变,我国对国外能源的依赖也越来越严重。历史上我国能源进口主要经由东南亚海峡,由于当地海峡狭窄和海盗猖獗,我国能源进口具有非常大的安全隐患。为了能够应付严峻的周边形势和保障国家能源安全,"21世纪海上丝绸之路"和"丝绸之路经济带"(以下简称"一带一路")的倡议被我国国家领导人依次提出,并得到了周边国家的积极响应。"一带一路"的核心思想就是希望与周边国家共同推进区域经济的合作与发展,促进沿边国家经济、能源等全面的合作与发展。"一带一路"倡议是我国提高能源安全的重要手段之一。尽管"一带一路"的发展战略得到了周边国家的积极响应,但在推进过程中依然面临着很多风险与困难,因此"一带一路"倡议是一项长期具有艰巨性的发展规划和课题。无论是发展"海上丝绸之路"还是"陆上丝绸之路",我国都必须保障国家边疆地区的安全和周边地区的稳定,只有在这样的基础上才能对外开放,才能积极发展与欧亚国家之间的合作。综上所述,"一带一路"倡议能否顺利实施的关键在于我国能否与周边国家构建安全稳定的战略合作关系。

对我国来说,"一带一路"建设与"经济走廊建设"是统一的整体,只有实现周边国家的稳定和共同发展,才能与世界接轨。因此我国以六大国际经济合作走廊建设为重点,着力推动陆上、海上、天上、网上四位一体的联通,完善跨境区域物流网建设。由于中蒙俄三国的地缘优势,三个国家的经济发展存在很强的互补性,三个国家在历史上长期建立和保持了良好互利共赢的战略合作关系,俄罗斯与中国是主要的新兴经济国家等原因,"中蒙俄经济走廊"排在第一位。"中蒙俄经济走廊"是由我国领导人习近平在2014年"上合组织峰会"期间提出的,目的是我国通过"丝绸之路经济带"和俄罗斯的"欧亚经济联盟"、蒙古国的"草原之路"对接,实现交通、货物运输以及经济网的连接,打通三个国家经济合作的走廊建设,进而实现"一带一路"倡议构想在东线的实施。作为"一带一路"发展基石,研究"中蒙俄经济走廊"的经济效应能够有效提升不同国家与地区之间的互联互通水平,推动相关国家能源、经济、贸易通道的多元化和安全化,为沿线周边国家的人民带来和创造更多的就业机会等,进而给广大人民带来福祉。

"中蒙俄经济走廊"具有经济互利特征。我国提出建设"中蒙俄经济走廊"的倡议之所以顺利地得到蒙古国和俄罗斯的支持与响应,主要是由于这个倡议与蒙、俄两国的经济发展战略相契合。

首先,俄罗斯地域辽阔,但其地区间经济发展不平衡,其东部地区特别是远东地区远离俄罗斯西部中心地带,位于亚太地区,经济发展滞后,人口流失严重。为了保障俄罗斯东部地区特别是远东地区的稳定和安全,为国家经济发展创造良好的地缘政治环境,以 2012 年的 APEC 会议作为标志,俄罗斯将其经济战略逐步转向了亚太地区,俄罗斯希望通过加强同东北亚邻国的合作,为俄东部地区开发创造条件,加速东部地区经济发展,提高当地人民生活水平,实现国家东西部地区的统一协调发展。此外,由于乌克兰国家危机导致美国等国家开始对俄进行经济制裁,这也进一步让俄罗斯坚定了向东发展的信念。俄罗斯在 2014 年 3 月首次提出了"欧亚经济联盟"的构想,这一构想成为开发远东及西伯利亚地区的重要目标和举措。同年 4 月份,俄罗斯又制定了包含基础设施建设、社会保障、能源以及交通等项目的远东地区经济开发战略规划,出台了一系列优惠措施与政策。对俄罗斯来说,自乌克兰政府危机之后,由于西方国家的经济制裁及国际原油大幅降价,它的经济发展受到了严重的冲击,经济持续下滑。通过与蒙古国和我国的经贸合作,能够强化俄远东地区经济发展与能源出口,缓解经济发展压力。

第二,蒙古国作为俄罗斯与我国之间的纽带,经济发展必须依托于中俄两国。蒙古国提出的"草原之路"计划以及"新铁路"计划等,已然把中俄两国的跨境运输道路衔接在一起。该条经济带将三国的需求和利益紧密地结合为一体。蒙古国地广人稀,丰富的煤、铜矿等矿产资源是蒙古国经济支柱。受国际大宗商品如铜、铁和煤炭等价格降低的影响,蒙古国当前经济发展缓慢,正好处于"低谷期"。基础设施建设改善之后,特别是高速铁路投入使用之后,蒙古国的矿产资源出口成本显著降低,出口能力则相应地明显增加。强化公路和铁路等通道建设,促进运输与通关便利化,增强跨国运输贸易合作,突破传统合作格局,破解三国资源运输困难的"瓶颈",给蒙古国的经济发展提供了有利的帮助,把原先位居三方经济边缘的区域经济也带动起来,将劣势巧妙地转变成经济发展优势,也为三方在东北亚地区的发展开辟了新的合作空间及利益结合点。此外,蒙古国由于不具备出海口,交通十分不便,这是制约它经济快速发展的一大"瓶颈",所以,蒙古国希望通过中国的锦州港、大连港和天津港等来出口商品,期望能与中国合作。同时,蒙古国是联通中国与俄罗斯两国的中间地带国家,地理位置十分关键,经由蒙古国的"草原之路",能够有效对接我国的"丝绸之路经济带"以及俄罗斯的"欧亚经济联盟"战略,进而得到难得的外贸通道及出海口,将自身内陆地区劣势转变为地缘优势。

最后,对于我国来说,"中蒙俄经济走廊"建设有利于发展我国经济。我国地域广阔,边境线较长,与14个不同国家接壤,中蒙与中俄边境线都较长。我国周边接壤国家的边境情况虽然都各不相同,但主要都是发展中国家。中国作为发展中大国需要积极推动与周边国家的安全与发展,特别是对于中国来说,维护与俄罗斯和蒙古国的安全与合作尤为重要。中蒙俄三国关系在冷战结束后得到了稳定的发展,三个国家交汇疆域没有争端,三国在政治经济区域发展的合作和交流日益广泛,三个国家关系稳定的重要前提就是强化地缘战略合作关系。对于我国而言,为了保障我国和平发展的国际环境不受破坏,应积极加大与蒙俄国家的交流与合作,以"中蒙俄经济走廊"建设为切入点推动我国与蒙俄的经济合作与建设,将发展经济、改善民生等重要内容规划到一个地区的整体发展中,通过互利共赢来稳定与蒙俄的经济发展、推动区域经济一体化的建设。尤其是近几年我国经济发展开始降速,即步入了经济发展"新常态"阶段,在发展方式转变以及经济结构调整的双重压力下,通过和蒙俄的进一步合作,能够让我国获得更加可靠、稳定而丰富的能源资源,并可以带动我国的经济发展,营造良好的边境氛围。

综上所述,"中蒙俄经济走廊"建设的必要性和迫切性主要体现在三个方面。首先,我国发展开放型经济的需要;其次,我国受全球区域经济一体化新趋势的影响,加快了发展的进程;第三,"一带一路"倡议的提出立刻得到了蒙俄的积极响应,因为该倡议和俄罗斯的"欧亚经济联盟"、蒙古国的"草原之路"战略对接,符合三个国家经济的整体发展需求,并且有利于拓展政治经济方面的合作空间。

## 1.2 研究目的与意义

### 1.2.1 研究目的

建设"中蒙俄经济走廊"是响应我国政府倡导的建设"东西部丝绸之路经济带"这个具有全球视野的谋划,实现东西双向互济开放格局,把"中蒙俄经济走廊"建设成为我国向北开放合作的高地,最大限度利用好这个核心区,实现在地缘、政策、历史和人文等方面的区域合作,使"中蒙俄经济走廊"建设与俄罗斯远东地区开发开放互动对接,"中蒙俄经济走廊"建设与蒙古国的"草原丝绸之路"建设对接,"中蒙俄经济走廊"建设与我国东北老工业基地对接,有利于推动我国东北地区与京津冀地区融合发展。

本书基于国际分工理论、区域经济一体化理论和地缘经济学理论,通过构建"中蒙俄经济走廊"建设的经济效应评价体系,并借助 GTAP 模型实证分析"中蒙俄经济走廊"建设的经济效应,然后通过随机前沿引力模型实证分析影响经济效应的因素和中蒙俄三国之间的贸易潜力,通过理论分析和实证分析,提出提升"中蒙俄经济走廊"建设经济效应的对策建议。

### 1.2.2 研究意义

#### 1.2.2.1 理论意义

本书从理论角度对"中蒙俄经济走廊"建设经济效应的概念加以界

定,完善了建设"中蒙俄经济走廊"建设经济效应的理论基础,进一步构建了"中蒙俄经济走廊"建设经济效应评价的理论模型,并通过实证研究"中蒙俄经济走廊"建设的经济效应,丰富了"中蒙俄经济走廊"的研究内容,形成了有关"中蒙俄经济走廊"建设经济效应评价的实证分析体系。"中蒙俄经济走廊"建设经济效应的研究作为区域经济一体化理论研究的一部分,丰富和扩展了区域经济一体化理论研究的相关内容。

### 1.2.2.2 现实意义

(1)在经济建设方面,中国、俄罗斯、蒙古国三国希望通过经济走廊建设实现三个国家基础设施建设的互联互通,将三个国家的市场开辟为统一的市场,包括资金、能源、销售等市场一体化。三个国家的交通网络一旦联通,该走廊将成为连接三个国家的重要通道,同时也成为连接欧洲与亚洲的重要节点之一,区域效应十分明显。因此"中蒙俄经济走廊"建设能够有助于三个国家能源与资源的合作与开发,通过加快三个国家人员、商品的流动、流通来实现沿边地区的开发与开放,对于扩大三个国家的经济规模和推动区域内外资源开发和市场的拓展都具有重大意义。同时,对于中国水资源来说,通过开通俄罗斯贝加尔湖的"北水南调"工程,可以解决我国水资源短缺的难题,进而对改进我国人民生活水平具有重要的影响。蒙古国在东西南三个方向都和我国接壤,其北面则与俄罗斯接壤,属于我国和俄罗斯的中间地带。蒙古国是一个天然的内陆国家,具有非常好的区位优势。其处于最大的自然资源国和最多人口的发展中大国之间,拥有中国和俄罗斯发展经济贸易过程中无法取代的桥梁地位。俄罗斯是世界上重要的能源输出国家之一,具有巨大战略价值的过境运输渠道。特别在当前中亚、南亚、中东地区极为不稳定的情况下,俄罗斯的运输动脉对于我国推进"一带一路"建设和连接欧亚大陆发展具有重要的意义和价值。因此"中蒙俄经济走廊"建设的意义非常重大,其对消除"一带一路"推进的障碍具有积极的作用。俄罗斯一个国家横穿亚欧两个大陆,经由中国连云港穿越蒙古国,从俄罗斯境内贯穿欧洲大陆是一条非常安全经济的运输干道。中国西部通往欧洲的铁路和未来北极航道都需要经由俄罗斯实现,因此俄罗斯作为重要的运输过境国家参与"中蒙俄经济走廊"建设对于我国对外经贸发展具有重要的现实意义。

(2)研究"中蒙俄经济走廊"建设的经济效应可为我国东北地区寻找经济新增长点。国家发改委明确了"中蒙俄经济走廊"的线路,即有两条主线路:其一,由华北京津冀地区至内蒙古呼和浩特,再延伸至俄罗斯与蒙古国;其二,我国东北由大连市、沈阳市、长春市、哈尔滨市至满洲里,再到俄罗斯赤塔地区。这两条经济带互相补充、相互衔接,共同构成了一个开放式的新型经济发展区,即"中俄蒙经济走廊"。作为"陆上丝绸之路经济带"的构成部分,这一新兴经济带更经济、更省时,更能够促进三国经济的发展和贸易的友好往来。同时"中蒙俄经济走廊"涵盖东北与华北这两个相邻的区域,作为我国对外开放的一部分内容,"中蒙俄经济走廊"不仅是"一带一路"重要分支,也能够推动东北地区与京津冀地区融合发展。

2014年,黑龙江地区的经济发展速度在全国范围处于较低水平,而近年来黑龙江通过寻找机遇,不断强化和俄罗斯经济贸易的合作,并把"哈洽会"成功升级成了"中俄博览会"。黑龙江省依托地缘、人缘优势,可充分发挥出对俄罗斯边境贸易的比较优势,为我国的"一带一路"建设寻求新的经济增长点。同时,借助这一新兴的经济带,我国黑龙江省制定了建设"龙江陆海丝绸之路"的战略,即开放带、产业带以及物流带,旨在促成一个大型贸易开放式新格局,与"中蒙俄经济走廊"融为一体。而对于我国辽宁省而言,"中蒙俄经济走廊"有更大的用途,只是因为距离蒙俄两国很远,它和两国的联系主要是提供给其他地区步入此经济带的陆海通道,同时进一步加深和北京、天津以及河北省的联系。此外,在能源方面,中国东北地区与俄罗斯相邻,背靠俄罗斯远东与西伯利亚两个大型油气田,距离较近,可从俄罗斯方便快捷地获得油气资源;在电力方面,东北黑河地区则可借助从俄罗斯输送来的电力资源构建大型供电网,从而发展其内部相关产业;在加工业方面,东北地区则可借助蒙俄两国富足的矿产资源、木材以及能源等来加速制造业发展。

(3)中蒙俄三个国家毗邻接壤,对研究"中蒙俄经济走廊"建设的经济效应具有地缘战略意义。首先,蒙古国发展与中国和俄罗斯的友好关系是其推动与世界各国友好合作的重要前提。在国家安全方面,蒙古国作为弱小国家处于中国和俄罗斯两个大国之间,在边境安全、地缘政治方面离不开与中俄两个国家的合作。除此之外,蒙古国作为内陆国家没有出海口,其对外经济贸易需要借助中国与俄罗斯的出海口,这直接限制了蒙古国的贸易选择,因此对于蒙古国来说俄罗斯和中国是其最为关注的两个国家。从战略的角度来讲,蒙古国被纳入东北亚区域内,可以避免美国、日本等国家对其进行战略蛊惑,有利于保持蒙古国在国际事务中的中立立场,对于推进"中蒙俄经济走廊"的建设具有积极的意义。同时通过将欧洲、亚洲与"海上丝绸之路"连接起来,从亚欧区域经济一体化发展的角度来讲,是具有重大意义的地缘结构的连接点。因此通过"中蒙俄经济走廊"建设的推动能够加速欧洲与亚洲两大市场的互利共赢,推动"欧亚经济联盟"与我国"一带一路"建设的对接。

(4)研究"中蒙俄经济走廊"建设的经济效应,可以促进相关国家之间的贸易向深度与广度发展,提高参与国家与地区经济发展的效率和产品竞争力。随着区域内关税壁垒的逐渐削减和其他非关税壁垒的消除殆尽,区域之间国家与地区的交易成本大大降低,根据比较优势理论,这对形成区域专业分工明确、资源资本合作共赢的区域发展具有重要的推动作用。除此以外,三个国家通过"中蒙俄经济走廊"建设能够提高在全球经济治理中的话语权和地位,扩大三个国家在全球贸易中的影响,对于促进东北亚区域经济一体化建设具有重大推动作用。

## 1.3 国内外研究现状

### 1.3.1 国外研究现状

本节主要介绍"一带一路"背景下中俄关系、"一带一路"背景下中蒙关系、"一带一路"背景下"中蒙俄经济走廊"、经济效应的国外研究现状。

### 1.3.1.1 "一带一路"背景下中俄关系的研究

在俄罗斯有两个研究中国政策的权威机构,分别是俄罗斯科学院远东研究所和东方研究所。远东研究所的 A. R. 雅科夫列夫(2007)在分析中俄双边关系现状及发展前景的基础上,认为中俄双方作为国际政坛的主体应继续加强双边关系,促进双边经贸合作及发展。[①] 俄著名学者Портяков В.(2010)认为中俄不断强化区域经济合作才能共同应对世界经济新形势。[②] 俄科学院库列绍夫院士(2010)指出中俄经济合作未来面临诸多挑战,需要中俄放眼长远,加强战略合作。[③] Авшаров А. Г.(2012)的著作指出俄罗斯应该与中国加强经济和外交互动,促进中俄贸易结构健康发展。[④] 俄罗斯科学院远东研究所 A. B. 奥斯特洛夫斯基(2012)非常认同中俄两国的地区合作。他认为中国作为俄罗斯在远东及西伯利亚地区的最佳贸易伙伴,与俄罗斯在很多领域都存在较大的互补性,如重工业、高科技领域、采矿领域等。如中国目前外汇储备非常巨大,有利于为俄罗斯尤其是东部地区的发展投入巨额资金。中俄两国的地缘优势明显,工业基础较为接近,双方目前都有着快速发展经济的迫切需求,在区域合作中有必要加强双方经贸关系,使两国的发展规划与战略实现无缝衔接。[⑤] A. B. 奥斯特洛夫斯基(2014)认为"丝绸之路经济带"将促使沿线的俄罗斯城市基础设施完善且拉动其经济、贸易及产业迅速发展,形成了这些城市构建自由贸易区的有利条件。[⑥] Бажанов Е. П.(2015)研究了当前中俄两国经济合作制约因素和相互合作的有利条件,对两国经济

---

① A. R. 雅科夫列夫:《俄罗斯、中国与世界》,社会科学文献出版社 2007 年版。

② Портяков В. ,"Видение многополярности в России и Китае и международные вызовы",Проблемы Дальнего Востока,2010 年第 3 期。

③ Кулешов В. В. ,"Российско‐китайское сотрудничество:преспективные направления. и подводные камни",Наука в Сибири,2010 年第 6 期。

④ Авшаров А. Г. ,государственная внешнеэкономическая политика Российской,2012.

⑤ A. B. 奥斯特洛夫斯基:《俄罗斯与亚太经合组织及中国在其经济互动中的战略作用》,《西伯利亚研究》2012 年第 4 期。

⑥ A. B. 奥斯特洛夫斯基:《"丝绸之路经济带"构想的背景、潜在挑战和未来走势》,《欧亚经济》2014 年第 4 期。

未来合作前景充满期待。①

### 1.3.1.2 "一带一路"背景下中蒙关系的研究

(1)关于蒙古国在"中蒙俄经济走廊"建设中的地位及作用研究。蒙古国在"中蒙俄经济走廊"建设中的地位与作用十分明显,且主要集中于经济层面。首先学术界达成共识的是蒙古国的经济发展离不开与中国和俄罗斯的合作,与此同时,蒙古国的经济管理水平和经济发展形势会对"中蒙俄经济走廊"的建设造成一定障碍。近年来蒙古国的经济发展主要依靠中国与俄罗斯两个大市场,即中俄两个国家的经济繁荣发展给蒙古国的发展提供了很大的发展红利。中国和俄罗斯在蒙古国的投资发展具有较大差异性,俄罗斯在蒙古国的投资以金融银行业为主,而中国在蒙古国的投资则关注基础建设,如交通和采矿业等。此外,蒙古国企业管理方式粗放,其能源产业受国际能源价格的影响非常大,这很有可能会威胁到蒙古国经济的健康和可持续发展。巴图其其格(2006)通过研究蒙古国与中国和俄罗斯的经贸合作现状指出,蒙古国经济发展和社会稳定非常需要区域的经济合作与交流。② 图木尔(2007)指出蒙古国拥有较为丰富的矿产资源,由于处于中俄两个大国之间的特殊位置,在参与东北亚区域经济合作中,与中国的经济合作应当侧重能源和资源方面,这样双方可以充分发挥各自优势,如在经济结构和投资贸易方面形成互补,进而在平等互利的原则下实现合作深化。作者还强调了中国和蒙古国应该在政治层面加强合作交流,这会对中蒙经贸合作产生极大的积极影响。中国与蒙古国还应加强能源开发与基础设施建设合作,建立具有中长期的发展规划,并且统筹双方的发展大局,使得双方经贸政策能够持续性、稳定性、连续性地发挥作用③。

---

① Бажанов Е. П. Дацышен В. Г, денисов А. И, et Al. ,"россия и Китай: четыре века взаимодействия. История, современное состояние и перспективы развития российской-китайских отношений",Экономический журнал высшей школы экономики,2015(4).

② [蒙]Н. 巴图其其格:《蒙古国与周边国家合作关系》,《国际关系研究》2006年第8期。

③ 那·图木尔:《蒙古国参与区域经济合作和发展与大国关系》,《现代国际关系》2007年第11期。

（2）关于中蒙区域合作的现状及对策研究。随着研究的深入，中蒙区域经济合作的研究重点逐步转向了发展路径和政策研究领域。Jeffrey（2013）利用哥本哈根学派对非传统安全的观点，认为蒙古国对中国的经济依赖加上政治安全薄弱，使得中国能够发展对蒙古国机构的结构性力量。这种结构性力量也对蒙古国的社会和环境安全产生负面影响。因此，尽管中国寻求与蒙古国保持良好关系的政策，但中国的结构性力量对蒙古国的国内非传统安全产生了净负面影响。这表明中国并没有完全控制其与蒙古国的关系，利用经济联系来推动与蒙古国的关系包含了最终破坏其立场和蒙古国安全的因素。[1]

### 1.3.1.3　"一带一路"背景下"中蒙俄经济走廊"的研究

由于"中蒙俄经济走廊"的提出时间还比较短，所以国际上的研究还比较碎片化，国外研究主要集中在对"一带一路"的解读，以及以此为背景探讨中俄关系的发展前景、蒙古国的经济发展情况等，对"中蒙俄经济走廊"建设的研究还十分有限。

中蒙俄是东北亚重要的国家，东北亚地区的健康发展需要三方积极推动经贸交流与往来。国外专家和学者分别以中俄、中蒙单独视角为研究对象，对贸易往来和经济合作进行了研究。季塔连科与库济克（2005）在研究中俄关系时认为中国与俄罗斯的经济贸易往来、项目投资合作对俄罗斯经济发展具有显著的影响，中国是俄罗斯重要的伙伴，与中国建立长期、稳定、友好的国家政治和经济关系，是发展本国经济的内在必要性和外在需求。[2] 巴图其其格（2006）在研究蒙中、蒙俄经贸合作现状后，认为加强与中国和俄罗斯的区域合作对蒙古国对外贸易具有促进作用，是蒙古国经济发展和社会稳定至关重要的因素。[3] 郎萨仁·纳目斯特仁

---

① 　Jeffrey Reeves. Sino‐Mongolian Relations and Mongolia's Non‐traditional Security. Central Asian Survey,2013,32(2).

② 　［俄］季塔连科、库济克:《2050 年:中国—俄罗斯共同发展战略》,社会科学文献出版社2007 年版。

③ 　H. 巴图其其格:《蒙古国与周边国家合作关系》,《国际关系研究》2006 年第 8 期。

(2008)提出中蒙两国要开放边境口岸、加强基础设施建设,从而进一步提升两国经济贸易合作。[①] Voropai,N.(2013)等表示蒙古国及俄罗斯两国交流合作的主线是能源,其次双方还需要在交通等基础设施方面深化合作。安妮塔英德尔(2015)表示中俄之间的关系在合作友好表面下,还具有激烈的竞争关系,双方关系存在两面性。[②]

### 1.3.1.4 经济效应评价研究

(1)基于区域经济一体化的经济效应理论研究。区域经济一体化是不同国家在区域性的经济联合团体,能给该区域的成员国家带来贸易效应、经济增长效应以及社会福利效应等。

第一,贸易效应的研究。贸易创造效应和转移效应在区域经济一体化中具有很重要的地位,这两个概念由 Viner 在 1950 年首次提出。他认为两大效应共同作用会导致关税同盟的福利效应。[③] 在此基础上 Meade(1955)对贸易创造效应进一步细化,细分出贸易的生产效应,以此为基础引发了贸易条件效应在区域经济一体化的研究热潮。[④] Adams(2003)在进入 21 世纪后对贸易创造效应和转移效应进行了全面的综述,对其产生的结果进行了有效的分析。[⑤] Burfisher(2000)指出出现贸易转移效应的时候,如加入同盟后该国进口产品的成本不断提高,这时候需要认真考虑贸易条件效应,即假定贸易条件得到改善,出现贸易转移效应的该国整体福利仍然有可能为正。[⑥] 随后 Winters 和 Chang(2002)验证了这一观点,

---

① 郎萨仁·纳目斯特仁:《中蒙边境区域合作问题》,载《首届东北亚区域合作发展国际论坛文集》(下),2008 年版。

② Voropai N., Saneev, B., Batkhuyag, S., et al. Energy Cooperation Between Mongolia and Russia:Current State and Strategic Directions. *Spatial Economics*,2013,3(35).

③ Viner J. The Customs Union Issue,*International Affairs*,1950,3(3).

④ Meade J. E. *The Theory of Customs Union*,Economica,1957,24(93).

⑤ Adams,Richard. The Trade and Investment Effects of Preferential Trading Arrangements—Old and New Evidence,*Productivity Commission Staff Working Papers*,2003.

⑥ Burfisher M. *Regionalism*:*Old and New*,*Theory and Practice*,paper prepared for presentation to the International Agricultural Trade Research Consortium (IATRC) Conference,Capri,Italy,2000.

他们通过分析西班牙加入欧盟的情况,发现西班牙加入后,西班牙贸易条件依然为正,虽然欧盟以外的国家出口价格下降,但西班牙在加入欧盟后依然获得正的福利效应。[1]

第二,关于经济增长效应研究。目前关于经济增长效应的研究主要包含两个学说方向。其一是认为区域经济一体化对发展中国家没有意义,只会促进发达国家的经济增长;其二是发达国家与发展中国家之间的合作如"南北合作",会导致成员国内部所有成员的经济增长。Baldwin和Enables(1995)支持第一种学说,认为参加区域经济一体化的国家,除了欧洲以外,其他发展中国家都不会经济增长。[2] 而Vamvakidis(1999)支持第二种学说,认为发展中国家经济会被发达国家带动,因此发展中国家在参与区域经济一体化过程中同样会受益。[3] Brada和Mendez(1988)同样支持该观点,通过对六个区域经济一体化同盟进行分析发现,作为发展中国家区域经济一体化同盟——拉美自贸区和互助委员会等,给成员国的经济和贸易发展起到了很好的带动作用。[4]

第三,关于社会福利效应研究。居民收入是社会福利最重要的衡量指标,福利效应的研究需要分析对成员国居民收入变化的影响,是否会导致社会福利水平的提高。Karras(1997)对欧盟区域经济一体化、拉非自贸区和东盟区域经济一体化三个不同区域经济一体化进行了分析,发现欧盟区域经济一体化导致内部各国居民收入有明显的趋同效应,该效应在拉非自贸区中并不明显,而在东盟区域经济一体化中,居民收入不但没

①  Chang W. , Winters L. A. , How Regional Blocs Affect Excluded Countries: the Price Effects of MERCOSUR. *American Economic Review*, 2002(4).

②  Baldwin R. , Rikard F. , Jan, H. Investment Creation and Investment Diversion: Simulation Analysis of the Single Market Program, *NBER Working Paper*, 1995(3).

③  Vamvakidis A. Regional Trade Agreements or Broad Liberalization: Which Path Leads to Faster Growth? *IMF Staff Papers*, 1999, 46(1).

④  Brada, J. , Mendez J. A. An estimate of the dynamic effects of economic integration, *Review of Economic and Statistics*, 1988, 70 (1).

有趋同,成员国之间的居民收入差距反而被拉大。[①] Venables(1999)同样支持该观点,只有欧盟中居民收入差距因为区域经济一体化有所减小,其他如东非共同市场、西非经济共同体建立区域经济一体化后,成员国的居民收入差距不但没有减小,反而被拉大。[②]

(2)关于区域经济一体化经济效应的实证研究。事前研究和事后研究是区域经济一体化研究中主要的两类实证研究方法。事前研究,也称为事前模拟,是基于"CGE(Computable General Equilibrium)"模型对区域经济一体化的发展进行模拟和预测研究。而 GTAP(Global Trade Analysis Project)方法是 CGE 模型的一种常用工具。事前研究的目的主要是预测一项经济活动的潜在影响大小,例如中国与东盟签署自由贸易区合作框架后对两个经济体的具体影响有哪些,这些超前预测研究是事后研究所无法完成的。目前常用的两个模型就是 CGE 模型和 GTAP 模型。进入 21 世纪后,区域经济一体化发展在全球范围内进入新阶段,很多双边自由贸易协定都处于磋商或签署过程中,还未成形,所以无法进行事后研究,因此这部分研究主要集中于事前研究。Edson(2007)运用 GTAP 模型确定美洲自由贸易区(FTA)及其逐步降低关税对巴西经济的影响。结果表明林业、纺织和鞋类等行业的生产和出口将大幅增长。在所有情况下,巴西的经济增长和福利指标都对巴西有利。[③] Martina (2007)用 GTAP 模型的扩展版本和 GTAP 数据库(6.0)分析了多哈回合农业谈判对多边市场准入自由化的影响。中心是关税削减幅度的变化、不同的关税削减公式、关税上限以及不同数量和宽度的关税带的影响。结果显示,关税削减的程度和适用的分级公式对多哈回合的结果最为重

① Karras G. Economic Integration and Convergence:Lessons From Asia,Europe and Latin America,*Journal of Economic Integration*,1997,12 (4).

② Venables A. J. Regional Integration:A Force for Convergence or Divergence?,*World Bank Working Papers*,1999(1).

③ Edson Zambon MonteI,Erly Cardoso Teixeira. Impactos da Área de Livre Comércio das Américas (Alca),com gradual desgravação tarifária,na economia brasileira. *Nova Economia*,2007,17(1).

要,而关税带的宽度和关税上限对各国的贸易模式和福利影响不大。相比之下,关税带的数量对结果并不重要。[①] Li Yao(2014)使用更新的GTAP模型来描述中国政府不同选择的潜在结果。首先,如果 TPP 协议包括中国,那么明显促进了美国和日本的经济。其次,如果 TPP 协议不包括中国,主要承担从中国转移一般劳动密集型制造业的东南亚国家可以获得更多利益,而如果 TPP 协议包括中国,主要承担从中国转移加工制造业的国家可以获得更多利益。最后,包括中国的 TPP 协议有利于进一步加强中国对亚太地区经济一体化进程的影响。[②]

另外一种方式是事后研究,主要是用引力模型和线性增长模型两种方法对区域经济一体化发展内在规律进行研究。经典的牛顿万有引力定律是传统引力模型的基础,由 Tinhergen(1962)和 Poyhomen(1963)将该模型引入国际贸易领域。但是由于该模型较为简单,仅考虑了经济规模和距离成本两个因素,不适用于复杂的经济环境。在此基础上,人口变量被 Linnemannn(1966)引入引力模型,其认为人口数量与两国之间的贸易流量有关。[③] 随后人均收入变量替代人口变量,被 Bergstrand(1989)引入引力模型[④],Rauch(1999)证明了测算国际贸易潜力的唯一有效模型是引力模型。[⑤] 目前增加解释变量是对引力模型扩张的主要方法,在传统引力模型的基础上,通过加入一些虚拟变量,变成改进的引力模型,可以加强模型的解释能力。比如是否是 APEC 成员国、是否签订双边贸易协定、是否加入上合组织等虚拟变量,被一些国外学者引入引力模型,用来

① Martina Brockmeier, Janine Pelikan. Agricultural Market Access: A Moving Target in the WTO Negotiations? *Food Policy*,2007,33(3).

② Li Yao. Asia-Pacific Integration Within A Broader Trans-Pacific Partnership Agreement. *China Economic Journal*,2014,7(2).

③ Linnemannn Hans. *An Econometric Study of International Trade Flows*. Amsterdam: North-Holland Publishing Company,1966.

④ Bergstrand J. H. The Generalize Gravity Equation, Monopolistic Competition and the Factor-Proportions The-ory in International Trade. *Review of Economics and Statistics*,1986,71(1).

⑤ Rauch J. Networks versus Markets in International Trade. *Journal of International*, 1999(3).

解释贸易自由化对不同国家双边贸易量大小的影响水平。中蒙自由贸易协定被巴达玛(2013)引入贸易引力模型进行分析,论证了自由贸易协定的签署有利于中蒙贸易提升。[1] 站在蒙古国的角度,查嘎那道尔吉(2013)从影响对外贸易的基本因素出发,利用贸易引力模型得到以下结论,蒙古国与各国间的贸易额,存在大约80%以上的提升潜力,其中与东北亚各国之间的贸易总额,提升潜力尤为显著。[2] 另外在引力模型基础上很多专家和学者加入了很多的解释变量,如价格、政策以及制度等,影响区域经济一体化的变量因素越来越多。例如最早是 Aitken(1973)采用引力模型研究了贸易创造和贸易转移效应,应用到了 EEC 和 EFTA 两个自由贸易区中。[3] 在此基础上 Soloaga 和 Winters(2000)增加了一个新的解释变量,研究了当进出口国家分别属于不同的区域经济一体化组织时,双边贸易流量会产生哪些变化。[4] Walz(1997)将绝对和相对区域经济一体化虚拟变量纳入经济增长模型中,其中绝对区域经济一体化是伙伴国的 GDP 总量,而相对区域经济一体化是前者与本国 GDP 的比值,研究结果发现回归系数为正,统计结果显著。[5]

关于中俄实证分析。目前国外关于中俄经济效应分析的研究还比较有限,主要集中在对指标统计的测算方面,常用指标包含 RCA 指数、贸易互补性指数、产业内贸易指数等。其中 Lotspeich 运用简单的定量方法和定性方法,对中俄贸易历史状况和贸易结构进行了较为详细的阐述。

关于中蒙实证分析。蒙古国研究生那仁达来(2009)参考了蒙古国与包含中国、俄罗斯在内的 14 个国家或地区在 1995—2006 年间的贸易往

---

① 巴达玛:《蒙中自由贸易协定可行性分析》,《吉林师范大学学报》2013 年第 3 期。

② 查嘎那道尔吉:《蒙古国与中国之间的贸易引力问题研究》,内蒙古大学 2013 年硕士学位论文。

③ Aitken N. The Effect of the EEC and EFTA on European Trade: A Temporal Cross Section Analysis, *American Economic Review*, 1973, 63(5).

④ Winters L. A., Chang, W. Regional Integration and Import Prices: An Empirical Investigation, *Journal of International Economics*, 2000, 51(2).

⑤ Walz U. Dynamic Effects of Economic Integration: A Survey, *Open Economies Review*, 1997, 8(3).

来数据,采用各项经济指标和引力模型研究了蒙古国与贸易伙伴间的相互吸引力,并分析了实际贸易流量和理论贸易流量的差距。[1] 巴图那顺(2012)等人以一般均衡和引力模型为依据,研究了蒙古国和其他主要贸易伙伴国签订自由贸易协议对中国经济的影响和怎样签订自由贸易协议可以提高蒙古国出口产品竞争力的问题。结果显示在目前经济结构和体制条件限制下,蒙古国产品生产和出口贸易发展受到了阻碍,其无论同中国、俄罗斯、日本、美国、加拿大、朝鲜中的哪个国家签订协议,蒙古国的国内生产总值、进出口量都不会迅速增长,因此其和邻国签订自由贸易协议的意义不大。作者同时发现蒙古国在和日本、朝鲜签订自由贸易协议后,中国同这两个国家的贸易量到 2020 年增长 0.4%—2%。[2]

### 1.3.2　国内研究现状

#### 1.3.2.1　"一带一路"背景下中俄关系的研究

(1)中俄自由贸易区发展模式的研究。"伞"形模式是郭力(2007)在前人研究基础上提出的全新的中俄经贸合作模式。其中"伞柄"代表中俄经贸合作的核心,是双方合作的最高点,主要是指俄远东地区和我国东北地区的产业合作,"伞骨"是该核心地区向其他东北亚地区的有效辐射,包含能源、物流、科技、人才等各个方面的合作。该模式以中俄两个大国的合作为基础,促进各参与国之间的经贸合作。[3] 胡吉松(2008)在此基础上提出了"战略性经济合作"这一新的中俄合作模式。该模式重点强调通过提供可持续的合作领域加强中俄经济合作。作者认为中俄经济合作要发挥各自优势,挖掘各自的不同核心要素,实现双边的经济利益最大化,双方需要考虑动态的比较优势,实现双方战略上的共赢。[4] 陈雪婷

---

① 那仁达来:《外贸研究方法:引力模型》,蒙古国国立大学 2009 年硕士学位论文。

② 那·巴图那顺:《促进蒙古国出口贸易政策协调及其面临的问题》,蒙古国国立大学 2009 年博士学位论文。

③ 郭力:《中俄区域合作的"伞"型模式》,《俄罗斯中亚东欧研究》2007 年第 3 期。

④ 胡吉松:《论中俄经济合作发展的趋势》,《中国商界(下半月)》2008 年第 1 期。

(2012)认为中蒙俄三方区域旅游合作模式有空间极核辐射模式、政府与企业互助模式和"无障碍旅游"合作模式。①

(2)关于构建中俄边境自由贸易区的意义和制约因素研究。安兆祯(2014)认为俄罗斯在受到以美国为首的西方国家经济制裁的环境下需要与中国进行更多的合作,这是建立中俄自由贸易区的重要契机。作者同时也指出自由贸易区建立也面临着很多挑战,首先,FTA谈判会引起西方国家的恐慌,会促使以美国为首的西方国家加快启动TPP平台的步伐;其次,建立自由贸易区离不开中俄两国政府的支持,需要有关部门的积极磋商,目前自贸区建设的外部推力与内部动力都存在不足。② 张磊和贾春旭(2014)认为中俄自由贸易区的建立条件已经日趋成熟,目前中国与俄罗斯均处于发展、改革与转型的攻坚阶段,双方都非常重视与彼此的经贸合作,两者有着非常广阔的合作空间。自由贸易区能够发挥贸易创造效应,惠及两国经济发展,有效提高人民生活水平。同时,两位专家也指出两国之间一些不可抗力的历史文化因素,如两国贸易基础薄弱、贸易结构单一、摩擦与竞争加剧等问题是创建自由贸易区的障碍。③ 赵鸣文(2015)认为新阶段的中俄关系仍面临诸多挑战,首先,一些人对中国有偏见。其次,在对华出售尖端武器问题上尚存疑虑。第三,俄罗斯国内对放开对华能源合作上的一些限制仍有反对声音。第四,两国实现贸易多元化以及双边贸易达到与政治关系相称水平的任务仍十分艰巨。第五,俄罗斯严峻的经济金融形势增加了中国对俄罗斯投资的风险。④ 向洁(2016)认为中俄经贸合作面临的新问题与新困境主要有俄罗斯宏观经济不明朗、对俄投资风险加大、卢布持续走低冲击中俄边境贸易、欧美金融制裁困扰中俄经贸往来结算、"欧亚经济联盟"与"丝绸之路经济带"如何

① 陈雪婷、陈才、徐淑梅:《国际区域旅游合作模式研究——以中国东北与俄、蒙毗邻地区为例》,《世界地理研究》2012年第3期。

② 安兆祯:《建立中俄自由贸易区的可行性研究》,《西伯利亚研究》2014年第3期。

③ 张磊、贾春旭:《建立中俄自贸区的可行性分析》,《经济视角(上旬刊)》2014年第4期。

④ 赵鸣文:《新形势下的中俄全面战略协作伙伴关系》,《俄罗斯东欧中亚研究》2015年第4期。

融合发展等。<sup>①</sup> 刘彦君(2017)认为"一带一路"是中国加深与俄罗斯合作的新引擎。但是,中俄经济合作仍面临认知和心理偏差、制度执行不力、基础设施互联互通的公共产品供给不足、企业融资难以及经贸合作的腹地效应等问题,这些问题严重影响了两国区域经济合作的进一步发展。<sup>②</sup> 杨洋(2018)认为"中俄全面战略合作伙伴关系"的重要组成部分能源是重大的地缘战略合作方面。虽然目前中俄能源合作形势很好,但仍面临着诸多挑战,比如缺乏合作机制和国际地理环境变化等。<sup>③</sup>

(3)关于构建中俄边境自由贸易区的对策研究。郭晓琼(2014)认为由于国际能源价格大幅下跌,中俄两国经济增长速度都有所下降,而且双边贸易额也有所减少,但是中俄两国在电子商务以及农业领域的贸易额有所增长<sup>④</sup>,有进一步发展的空间。郭连成(2016)认为应该以夯实中俄两国新型经济合作关系为前提,应在牢固双方政治基础、完善中俄新型经济合作关系的推进机制、推动中俄新型经济合作继续向重大或重点项目拓展和延伸、打造中俄两个国家新型经济合作模式在中国东北地区与俄罗斯远东地区合作的升级版等方面力促中俄经济合作再上新的台阶。通过启动"丝绸之路经济带"与"欧亚经济联盟"对接合作等五个方面,全面推进中俄两国新型经济合作关系的构建与发展。<sup>⑤</sup> 班泽晋(2017)认为在贸易方面有必要进一步探索提升空间,努力为双边贸易创造新的增长点。如我国应加强与俄罗斯在航空航天、军工等高科技领域的合作,增加高附加值产品对俄罗斯出口的比例,实现多元化、高质量的双边贸易。<sup>⑥</sup> 周艳

---

① 向洁、何伦志:《中俄经贸合作现状、问题及其思考》,《商业研究》2016年第8期。

② 刘彦君:《"一带一路"倡议下的中俄经济合作:新趋势、挑战及应对》,《国外社会科学》2017年第3期。

③ 杨洋、董锁成:《"中蒙俄经济走廊"背景下中俄能源合作进展、驱动力、挑战及对策》,《资源科学》2018年第2期。

④ 郭晓琼:《中俄经贸合作的新进展及提升路径》,《欧亚经济》2014年第5期。

⑤ 郭连成:《新形势下中俄新型经济合作关系的构建与发展》,《财经问题研究》2016年第11期。

⑥ 班泽晋:《"一带一路"背景下中俄经贸合作的现状、问题及建议》,《中国商论》2017年第1期。

玲(2018)建议以创新合作方式推进中俄经贸合作转型升级,积极推进建立中俄自由贸易区,实现中俄两大战略直接对接。①

### 1.3.2.2 "一带一路"背景下中蒙关系的研究

(1)关于中蒙经贸合作主要领域的研究。王胜今(2009)认为中蒙环境保护领域的合作应该随着贸易关系的日益紧密而得到加深。② 张婧(2015)认为中蒙两个国家应该通力合作以充分提升两国在能源和基础设施建设中的巨大空间。③ 汤晓丹和冷雪莉(2017)认为中蒙经贸物流发展的挑战体现在蒙古国物流基础设施建设薄弱、政策连续性差、中蒙物流发展面对强大的国际竞争、农畜产品物流体系建设与对接存在巨大障碍等。④

(2)关于中蒙经贸合作的制约因素研究。中蒙两国在经贸合作之间存在着诸多现实问题,不少专家和学者从各个角度和层面对此进行了分析。方华(2010)认为对中蒙双边经贸关系发展产生一定限制的因素包含蒙古国政治环境不稳定、对历史纠葛的消极态度、中国对蒙古国投资的结构安排缺乏均衡性等方面⑤。左乐巴(2012)认为受国内外政策、政治影响是中蒙边境贸易中存在的较大问题。中蒙以小额贸易为主,商品结构单一、基础设施建设不发达、辐射作用不高是双方经贸合作的表现,双方都存在一定程度的不满。⑥ 萨伦(2013)指出基础设施落后、法律的不确定性、贸易结构和投资方式单一、中国企业信用低以及国际环境等因素制约了中蒙贸易的发展。⑦ 夏帆和魏晓雨(2018)认为中蒙经贸合作过程中仍面临大国博弈对蒙古国地缘环境影响、蒙古国国内政治风险因素、蒙古国产业结构单一且基础设施落后以及中国企业在投资及经营管理方面存

---

① 周艳玲、解瑯卓:《新形势下中俄经贸合作探讨》,《知识经济》2018 年第 2 期。
② 王胜今:《蒙古国经济发展与东北亚国际区域合作》,长春出版社 2009 年版。
③ 张婧:《中蒙双边贸易合作发展的现状分析与前景研究》,《价格月刊》2015 年第 1 期。
④ 汤晓丹、冷雪莉:《"一带一路"倡议下中蒙经贸物流发展的机遇与挑战》,《物流科技》2017 年第 6 期。
⑤ 方华:《中蒙经贸关系的现状及前景》,《现代国际关系》2010 年第 6 期。
⑥ 左乐巴:《中蒙边境贸易发展问题研究》,华东理工大学 2012 年硕士学位论文。
⑦ 萨伦:《蒙中经贸合作的形势及对策》,吉林大学 2013 年硕士学位论文。

在风险等问题,制约中蒙经贸的发展。①

(3)关于中蒙次区域经济合作研究。张秀杰(2012)认为,在进出口贸易、资源开发、煤电一体化、建筑安装等工程承包项目合作方面,黑龙江省与蒙古国经贸合作进展顺利。在新形势下,黑龙江省应深度挖掘合作潜力,利用地缘优势、产业和技术优势,继续与蒙古国开展全方位的贸易和经济技术合作。② 于洪洋和欧德卡等人(2015)认为,"中蒙俄经济走廊"建设与"一带一路"倡议是一个整体,因此,"中蒙俄经济走廊"建设不仅能够稳定边疆,还能促进欧亚地区经济一体化进程的发展。③ 杨文兰(2015)认为,促进中蒙经贸关系发展的关键在于,在"草原丝绸之路经济带"的背景下,发挥内蒙古的区位优势,建立中蒙两国跨境经济合作区。④ 陈国喜(2017)认为自20世纪90年代以来,中蒙次区域经贸合作已成为图们江区域合作的重要组成部分,在经济、科技、文化和教育等领域取得了一些成就。同时,也有一些因素制约着中蒙经贸合作的发展。中蒙两国应充分利用"一带一路"建设的机遇,进一步完善次区域合作体系框架,推进物流基础设施建设,拓宽融资渠道,加强产业合作,提高我国企业的适应能力,加强中蒙文化交流,促进中蒙经贸合作的进一步发展。⑤ 包明齐(2018)认为中蒙次区域经济合作发展的制约因素有世界经济衰退的原因、发达国家的战略调整、产业革命的演进、区域经济一体化条件较差、两国人口问题比较严重、交通基础设施建设滞后等。⑥

---

① 夏帆、魏晓雨:《中蒙经贸合作:"一带一路"与"发展之路"对接》,《边界与海洋研究》2018年第3期。

② 张秀杰:《新形势下黑龙江省扩大对蒙古国经贸合作的战略选择分析》,《对外经贸》2012年第11期。

③ 于洪洋、欧德卡:《试论"中蒙俄经济走廊"的基础与障碍》,《东北亚论坛》2015年第1期。

④ 杨文兰:《对当前中蒙经贸关系发展的几点思考》,《对外经贸实务》2015年第4期。

⑤ 陈国喜:《"一带一路"倡议下的中蒙次区域经贸合作关系研究》,《延边大学学报》2017年第4期。

⑥ 包明齐:《中蒙次区域经济合作发展现状及其影响因素研究》,《中国市场》2018年第5期。

（4）关于中蒙经贸合作的对策研究。朱传威（2011）提出要充分利用蒙中公平公正的政策，加强对蒙古国的投资，发展双边贸易，并对中蒙贸易现状及存在的问题进行了分析。[①] 巴达玛（2013）认为随着中蒙两国贸易的不断发展，两国之间贸易存在的问题也在不断增多，这就需要蒙中双方共同分析存在问题的原因以及寻找解决问题的对策，从而使两国间的贸易发展水平和层次得到提升。[②] 李铁和于潇（2014）认为实现中蒙基础设施互联互通的关键是夯实中蒙互利共赢、推进"一带一路"倡议的实现。在建设中蒙跨境铁路的过程中，除了考虑中蒙两国和周围其他国家的利害关系，还要让俄罗斯能够积极参与。[③] 丰华（2015）通过对中蒙经贸发展现状及特点概况分析了发展的制约因素，有基础设施不完善、投资政策的延续性较差、中国企业风险意识薄弱、信任危机等。[④] 张秀杰（2015）认为大力推进中蒙经贸合作的对策有中蒙之间应重点深化矿业与农牧业合作，在此基础上中蒙经贸合作在项目创新、能力创新和领域创新方面应发展新思路。[⑤] 李俊江和孟勐（2016）认为应扩大对蒙古国制造业领域投资、增加对蒙古国居民生活领域投资和出口、开拓对蒙古国知识密集型和资本密集型产业领域投资。[⑥] 钟敏（2017）认为推进中蒙经贸合作的对策有提高口岸过货能力、加快信息平台建设、提高工作效率、提升口岸服务质量、规范企业行为、增强产品竞争力、扩大投资范围、发挥比较优势及发展特色优势产业。[⑦] 拉木苏仁（2017）认为推进中蒙经贸合作的对策有多层面拓展交流，深化中蒙战略伙伴关系，优化双边贸易政策，扩大双方贸

① 朱传威：《蒙中经贸关系的现状、问题及对策》，《中国商贸》2011年第26期。

② 巴达玛：《浅析蒙中两国矿产品经贸合作存在的问题及发展建议》，《吉林省教育学院学报》2013年第2期。

③ 李铁、于潇：《提升中蒙基础设施互联互通，建设好新丝绸之路经济带》，《东北亚论坛》2014年第2期。

④ 丰华：《中蒙经贸发展的现状分析及对策研究》，《内蒙古科技与经济》2015年第24期。

⑤ 张秀杰：《东北亚区域经济合作下的中蒙俄经济走廊建设研究》，《学习与探索》2015年第6期。

⑥ 李俊江、孟勐：《中蒙经贸合作实现"量—质—量"升级的利益平衡策略研究》，《内蒙古社会科学》2016年第3期。

⑦ 钟敏：《"一带一路"通道下中蒙经贸合作研究》，《物流科技》2017年第1期。

易合作领域,调整产业结构,改善贸易结构积极适应蒙古国国情,加强自然资源的开发,强化自身贸易竞争力,努力营造良好的自然环境氛围,加强经济发展与贸易建设,提高双方企业的信誉度,加强多层面多方位的交流。[①] 张思琪(2018)认为推进中蒙经济贸易迅速发展的对策有加大两国贸易交往强度、调整产业结构、进一步加强中蒙经贸人民币结算制度、加快建设边境自由贸易区和中蒙贸易发展的长效机制。[②]

### 1.3.2.3 "一带一路"背景下"中蒙俄经济走廊"的研究

(1)关于建立"中蒙俄经济走廊"存在的障碍和制约因素的研究。"中蒙俄经济走廊"建设并不是一帆风顺的,在建设中也存在着很多的制约因素和障碍。金昭和金夷(2011)认为中国与其他两个国家政治关系与经济贸易、技术合作关系极不相称,此外交通基础设施建设也是阻碍三个国家加强贸易合作交流的主要障碍。[③] 于洪洋等(2015)认为虽然经济走廊建设有重要的战略地缘意义和价值,但也认为建立"中蒙俄经济走廊"还存在很多的障碍和制约因素,比如"中国威胁论"与"蒙俄受害论",蒙古国政策环境稳定性的问题,蒙俄两国基础设施不发达,两国交接的口岸设施落后,蒙古国与俄罗斯远东地区都存在劳动力不足、商品贸易单一、三国总体贸易规模不大,同时又缺少贸易口岸通关渠道的支持和面临俄蒙经济民族主义的压力等因素。[④] 王明昊(2015)认为建设"中蒙俄经济走廊"的障碍和制约因素有中蒙俄贸易层次低、结构单一、蒙俄两国政策环境多变、贸易壁垒问题突出、蒙俄两国基础设施相对落后等,因此中国应消除贸易障碍因素,进一步加强与两国的经贸合作,共建"中蒙俄经济走廊"。[⑤] 李新(2015)分析了"中蒙俄经济走廊"建设的制约因素,主要有相

---

① 拉木苏仁:《中蒙俄经济走廊视阈下中蒙贸易发展模式研究》,内蒙古大学 2017 年博士学位论文。

② 张思琪:《中蒙贸易发展的制约因素与对策探索》,《产业与科技论坛》2018 年第 4 期。

③ 金昭、金夷:《加强中俄蒙三国区域经济合作、构建连接欧亚的陆海联运大通道》,《俄罗斯中亚东欧市场》2011 年第 12 期。

④ 于洪洋、欧德卡:《试论中蒙俄经济走廊的基础与障碍》,《东北亚论坛》2015 年第 24 期。

⑤ 王明昊:《中俄蒙贸易互补性的实证分析》,《外国问题研究》2015 年第 1 期。

互之间缺乏信任,反法西斯战争的一系列历史遗留问题,美国以美日韩同盟为推手实施旨在遏制中国的"亚太再平衡战略",经济发展水平和经济结构差距大,中俄蒙三国政治、经济、人文合作与交流发展不平衡,"中蒙俄经济走廊"建设不可避免地遭遇来自日、韩的竞争等。[①] 黄凤志(2016)认为蒙俄两国民族主义及"中国威胁论"盛行、投资环境极其恶劣等因素将对"中蒙俄经济走廊"的建设设置巨大障碍。[②] 邓羽佳和秦放鸣(2017)分析了"中蒙俄经济走廊"建设的制约因素,主要有不匹配的经济发展水平和基础设施落后、蒙俄经济韧性较弱并存在引资风险、不合理的贸易结构及通关便利程度较低、非平衡的经贸合作和中国形象建设不足等。[③]

(2)关于"中蒙俄经济走廊"区域经济合作的发展路径和政策研究。包崇明(2013)提出利用邻近口岸地区的中转优势,强化沿线陆桥经济及周边地区在能源、环境保护、矿产资源与生态、金融、基础设施建设和高科技领域的密切合作,真正走区域经济一体化路线,推动各地区经济发展。[④] 王刚(2013)通过剖析中蒙俄的差异性,建议以锦赤铁路为契机,构建欧亚支线路桥,是构建东北亚经济一体化和亚欧经济融合的前提和基础。[⑤] 刁莉等(2015)分析了中俄蒙三国的贸易互补性和贸易结合度等问题,认为三国在贸易、产业结构方面存在较强互补性,三国应增进政治往来,加强基础设施互联互通,从而积极建设"中蒙俄经济走廊",最终实现中蒙俄三国自由贸易区的建设。[⑥] 娜仁图雅(2015)认为建设"中蒙俄经济走廊"为二连浩特沿边口岸提供了新机遇,可以使其更好融入"一带一

---

① 李新:《中俄蒙经济走廊助推东北亚区域经济合作》,《俄罗斯东欧中亚研究》2015年第4期。

② 黄凤志:《对中蒙俄经济走廊建设的战略分析》,《人民论坛》2016年第13期。

③ 邓羽佳、秦放鸣:《新常态下中蒙俄经济走廊建设问题研究》,《内蒙古社会科学》2017年第2期。

④ 包崇明:《中蒙俄区域经济一体化战略研究》,《当代世界与社会主义》2013年第1期。

⑤ 王刚:《基于亚欧融合和支线陆桥一体化双重背景下中蒙俄的差趋性分析》,《东北亚论坛》2013年第1期。

⑥ 刁莉、史欣欣:《中俄蒙经济结构互补性与三国自贸区构建》,《亚太经济》2015年第6期。

路",三个国家必须加强在商贸经济、国际物流、金融、人才交流、交往等方面的交往。① 陈岩(2015)认为"中蒙俄经济走廊"合作发展的关键是加快三国基础设施互联互通、创新产业合作方式、加强金融领域合作,推动中蒙俄自由贸易区的建立。② 张秀杰(2015)认为今后在维护有关国家共同经济利益的基础上,有必要加强人文交流,建立安全信任机制,推动区域内互联互通,扩大国家间相互投资,促进东北亚区域经济协调发展。③ 杨文兰(2016)提出,在"丝绸之路经济带"建设的背景下,中蒙俄三角地区应建立"跨境经济合作区",进行产业合作,形成以"丝路建设"为背景、互联互通为基础的合作格局。④ 郑伟(2016)认为"中蒙俄经济走廊"应包括三个主干通道,各主干通道又包含若干分支通道,建立以重点城市为中转、以沿边重点口岸为节点的网络型经济走廊布局。⑤ 何茂春和田斌(2016)认为"中蒙俄经济走廊"的建设:第一,要争取效益和互利;第二,要加快跨境经济合作区建设步伐;第三,政府应该更好地为我国企业"走出去"服务;第四,营造良好的舆论氛围;第五,我国企业应抓住机遇、规避风险。⑥ 刘爽(2017)认为建设"中蒙俄经济走廊"应该开展高层政策沟通、建立协商督办机制、梳理已有合作项目、择优纳入规划管理,创新国际合作机制、有效防控投资风险,努力优化发展环境、吸引多方参与规划建设,做大做强企业主体、加快产业园区建设,积极开展人文交流、夯实共建民意基础。⑦ 鄂晓梅(2017)在"五通"建设的基础上,分析了"中蒙俄经济走廊"

① 娜仁图雅、魏泽瀚:《融合"一带一路"战略 助力中蒙俄经济走廊——基于二连浩特口岸的分析》,《宏观经济管理》2015年第10期。

② 陈岩:《"一带一路"战略下中蒙俄经济走廊合作开发路径探析》,《社会科学辑刊》2015年第6期。

③ 张秀杰:《东北亚区域经济合作下的中蒙俄经济走廊建设研究》,《学习与探索》2015年第6期。

④ 杨文兰:《中俄蒙边境三角区经贸合作方略》,《开放导报》2016年第1期。

⑤ 郑伟:《"一带一路"倡议下构建中蒙俄经济走廊的路径选择》,《北京工商大学学报》2016年第5期。

⑥ 何茂春、田斌:《"一带一路"的先行先试:加快中蒙俄经济走廊建设》,《国际贸易》2016年第12期。

⑦ 刘爽:《构建国际合作新平台 加快中蒙俄经济走廊建设》,《学术交流》2017年第11期。

建设面临的实际问题,并提出了具体的对策和建议。① 李艳华和曹张龙(2018)认为"中蒙俄经济走廊"建设存在具体建设推进政策尚不明确、蒙俄两国基础设施相对落后、贸易结构单一等问题。建设"中蒙俄经济走廊"要在充分开放性与包容性条件下共建命运共同体、促进三国基础设施互联互通、改善中蒙俄贸易结构等。②

### 1.3.2.4 经济效应评价研究

(1)关于"一带一路"建设经济效应的实证分析。学界有一些学者对"一带一路"经济效应展开评估。部分研究认为建立"一带一路"为中国及其沿线国家带来利益。例如,曾旭达(2015)结合 GTAP 模型从比较静态和动态角度分析了"一带一路"的宏观经济效应、产业结构及进出口变动情况,从中发现"一带一路"设施联通与贸易的效率存在很大的关联,与原先的自贸区关税减免政策相比,这种贸易方式能够给中国的经济带来更大的发展,获得更加丰厚的利益。③ 陈虹(2015)基于 CGE 模型分析了"一带一路"沿线国家经济效应,研究结果表明,"一带一路"建设的周边国家在经济的发展与贸易的总额、GDP 的增长上都取得了重大的突破。④冯宗宪(2015)等以交易成本作为出发点对"新丝绸之路经济带"建设进行分析,认为通过加大新丝绸之路的经济建设可以有效地降低贸易成本,进而促进彼此之间的贸易关系,增强彼此之间的联系。⑤ 许娇(2016)运用GTAP 模型对"一带一路"中的六大主要经济走廊交通基础设施进行模拟分析,经过分析得知"一带一路"经济走廊交通基础设施建设对中国和各

① 鄂晓梅:《中蒙俄经济走廊"五通"建设中的问题与对策》,《内蒙古社会科学》2017 年第 5 期。

② 李艳华、曹张龙:《"中蒙俄经济走廊"建设存在的问题和对策》,《边疆经济与文化》2018 年第 12 期。

③ 曾旭达:《"一带一路"背景下中国自贸区发展模式研究——基于 GTAP 的分析》,浙江大学 2015 年硕士学位论文。

④ 陈虹、杨成玉:《"一带一路"国家战略的国际经济效应研究——基于 CGE 模型的分析》,《国际贸易问题》2015 年第 10 期。

⑤ 冯宗宪、李刚:《"一带一路"建设与周边区域经济合作推进路径》,《西安交通大学学报》2015 年第 6 期。

大经济走廊的进出口贸易、GDP 增长以及中国贸易地区结构改善都将产生积极影响。[①] 郑娇(2017)以沿线六大区域为研究对象,采用 GTAP 模型进行量化分析了居民福利、各行业贸易、实际 GDP 增长率、贸易状况、产出水平及动态经济效应六个方面的预期效果,从宏微观角度分别进行了研究和预测。[②] 王金波(2017)采用贸易互补指数、产业内贸易指数、Lafay 指数、出口相似度指数和贸易密集度指数等实证测度指标对中国和"一带一路"经济走廊中商品贸易结构的匹配程度、竞争态势和贸易增长潜力进行了系统测度与分析。研究结果表明中国和"一带一路"经济走廊国家仍然依赖于产业间贸易,它们的互补性大于竞争性。中国在资本或劳动密集型产品方面具有优势,"一带一路"经济走廊国家在初级或资源能源密集型商品方面各具优势。[③]

(2)关于贸易创造和贸易转移效应研究。原瑞玲(2014)使用引力模型对 FTA 贸易效应进行评估,并用它分析了中国—东盟自贸经济区对中国农产品贸易的重要影响,定量分解贸易创造和贸易转移效应。研究表明从农产品的总体贸易来看,CAFTA 对双方农产品贸易推动作用十分明显,区域内部贸易并没有以贸易转移为代价来实现增长,其主要增长来自贸易创造,贸易创造意味着贸易开放获益明显,这是 CAFTA 的主要表现。[④] 林琳(2015)构建了区域经济一体化程度的测量模型,使用 R 型因子分析方法对中国—新加坡区域经济一体化程度进行了测量,并有效分析该经济一体化的结构效应。以此为基础,林琳还运用扩展的引力模型对该经济体的贸易效应进行了实证研究,结果表明中国—新加坡区域经济一体化呈现出波动中持续上升的发展态势,两国经贸合作日益深化;比

---

[①] 许娇、陈坤铭:《"一带一路"交通基础设施建设的国际经贸效应》,《亚太经济》2016 年第 3 期。

[②] 郑娇:《"一带一路"对沿线区域的预期经济效应研究》,东华大学 2017 年硕士学位论文。

[③] 王金波:《"一带一路"经济走廊贸易潜力研究——基于贸易互补性、竞争性和产业国际竞争力的实证分析》,《亚太经济》2017 年第 4 期。

[④] 原瑞玲、田志宏:《中国—东盟自贸区农产品贸易效应的实证研究》,《国际经贸探索》2014 年第 4 期。

较而言,自贸区的建立给新加坡带来了更大的出口创造效应,对非成员国的贸易转移效应相对较小,自贸区建设有利于促进双边贸易结构的调整与优化。[①] 王涛(2017)基于引力模型对 CAFTA 内部中国农产品出口的创造与转移效应进行系统的分析,探讨 CAFTA 的建立对于中国农业的影响。模型检测了 1996—2013 年中国与 50 个伙伴国的农产品贸易流量的面板数据,该研究成果表明由于中国农产品较为明显的创造效应使得转移效应不显著。[②] 孙志娜(2017)基于拓展贸易引力模型,对南部非洲发展共同体与西部非洲经济共同体的贸易效应进行了评估和对比分析。研究显示,一方面,南部非洲发展共同体和西部非洲经济共同体经济一体化的进展均促进了区域内部贸易的增加,并且均产生了贸易创造和转移效应;另一方面,两大经济体的贸易效应总量均高于模型预期,从另一个方面说明了经济一体化显著地促进了成员国的福利,然而前者的值小于后者[③]。

(3)关于投资效应研究。张宏(2007)分析了中国—东盟自由贸易区建设给双方带来的投资创造与转移效应。结果显示中国—东盟自由贸易使两大经济体吸引外资能力大幅增加,表明该自由贸易区的投资创造效应大于投资转移效应,并且投资效应为正。[④] 张诗雯(2015)在实证研究中通过构建知识—资本模型对 CAFTA 的投资效应进行了有效的估计,研究表明在短期内 CAFTA 的投资效应并不明显,投资效应在长期确实存在且显著。该结论表明 CAFTA 不仅有利于促进区域外部对区域内部的投资,还有利于区域内部成员国之间相互投资。[⑤] 曹小衡(2017)使用

---

① 林琳、李怀琪:《中国—新加坡自由贸易区的经济效应研究》,《经济问题探索》2015 年第 11 期。

② 王涛:《CAFTA 框架下中国农产品出口的贸易创造与贸易转移效应》,《世界农业》2017 年第 12 期。

③ 孙志娜:《非洲区域经济一体化的贸易效应——基于 SADC 和 ECOWAS 的比较研究》,《世界经济研究》2017 年第 4 期。

④ 张宏、蔡彤娟:《中国—东盟自由贸易区的投资效应分析》,《亚太经济》2007 年第 7 期。

⑤ 张诗雯:《中国—东盟自由贸易区(CAFTA)框架下的投资效应研究》,苏州大学 2015 年硕士学位论文。

扩展的引力模型对 1995 年到 2014 年两岸经济一体化带来的投资效应进行了分析。研究结果表明经济一体化给两岸带来的正向投资效应十分显著,效应主要源自创造,能有效提升两岸人民福利。该研究证明了台湾对大陆直接投资以垂直型 FDI 为主,但水平型 FDI 的重要性在不断增强。[1]

(4)关于经济增长效应研究。赵伟光(2015)通过空间分析技术,研究了自 1995 年以来新疆两个地区和 14 个地州的区域关联性,并通过引入表征区域关联的新经济地理变量"市场潜能",衡量了区域联动效应和空间溢出效应对新疆区域经济的影响程度。结论表明,新疆的区域相关性正在逐步深化,市场潜力每增加 1%,区域经济增长 0.29%,同时忽视区域关联效应,将过度高估资本投资对新疆经济增长的作用。[2]都泊桦(2017)通过构建空间计量模型对区域经济一体化下经济增长情况进行了分析,模型探讨区域经济一体化在经济增长中发挥的作用以及产生的影响,并且根据模型检验的结果对经济变化情况进行内在分析,揭示了地区经济增长与区域经济一体化发展中的空间关联性、空间差异性等。[3]杨林(2017)以珠江三角洲地区为考察对象,在价格理论框架基础上利用实际面板数据,探讨不同经济发展水平下区域市场一体化经济增长效应的差异性。实证结果表明,一般情况下随着经济的发展,区域经济一体化水平的提升将促进区域经济增长。[4]毛艳华(2017)以珠江三角洲地区为例对区域一体化的经济增长效应开展实证研究,分析得出珠三角东中西三个区域的一体化程度均有了不同程度的提高,其中区域经济一体化过程中的生产要素流动、经济结构、对外开放和政府投入等因素对经济增长具

① 曹小衡:《海峡两岸经济一体化的投资效应研究》,《上海金融》2016 年第 12 期。
② 赵伟光、敬莉:《区域经济关联与经济增长的空间溢出效应——以新疆为例》,《财经科学》2015 第 3 期。
③ 都泊桦:《区域经济一体化与经济增长影响效应分析——基于长三角实证研究》,《河南社会科学》2017 年第 12 期。
④ 杨林:《协调发展视角下区域市场一体化的经济增长效应——基于珠三角地区的考察》,《经济问题探索》2017 年第 11 期。

有显著的促进作用。[1]

(5)关于中俄建设经济效应的实证分析。邝艳湘(2014)通过显性比较优势指数和贸易互补性指数来衡量中俄贸易形势,发现中俄贸易产品存在一定的竞争关系。但同时其互补性要远大于其竞争性。[2] 高晓慧(2014)通过计算贸易贡献度指数分析中俄两国的贸易潜力,认为中俄贸易仍以互补性产业间的贸易为主,而产业内的贸易还有待加强。[3] 余振等(2014)通过计算中俄两国自由贸易福利效应,利用 SMART 模型计算得出两国在贸易规模扩展中都会有较大收益,因此两国应该加快自由贸易区谈判,使双方获取更大利益。[4] 公丕萍(2015)利用 1992—2012 年的贸易强度指数、贸易互补性指数、出口集中度指数等深入分析了俄罗斯和中亚的贸易发展过程、空间格局和进出口产品格局。结果表明,双方贸易强度不断提高,贸易互补性增强,俄罗斯和中亚出口产品数量明显增加。[5] 佟光霁和石磊(2017)依据 1996—2015 年中俄农产品贸易数据,运用 GL 指数、GHM 指数、FF 指数和 N 指数测算中俄农产品产业内贸易水平和结构,结果表明,中俄农产品贸易规模不断扩大;整体农产品、各类农产品及主要农产品以产业间贸易为主,产业内贸易为辅;农产品产业内贸易结构以垂直型产业内贸易为主,水平型产业内贸易较少;农产品产业内贸易水平和均值呈不断增加趋势。[6]

(6)关于中蒙建设经济效应的实证分析。董锐(2010)通过分析计算

---

① 毛艳华、杨思维:《珠三角一体化的经济增长效应研究》,《经济问题探索》2017 年第 2 期。

② 邝艳湘:《当前中俄双边贸易的竞争性和互补性实证研究》,《国际商务研究》2011 年第 1 期。

③ 高晓慧:《中俄贸易额在各自国家对外贸易中的贡献分析》,《俄罗斯东欧中亚研究》2014 年第 4 期。

④ 余振、陈继勇:《中国—俄罗斯 FTA 的贸易、关税及福利效应——基于 WITS-SMART 的模拟分析》,《华东经济管理》2014 年第 6 期。

⑤ 公丕萍、宋周莺:《中国与俄罗斯及中亚地区的贸易格局分析》,《地理研究》2015 年第 5 期。

⑥ 佟光霁、石磊:《基于产业内的中俄农产品贸易实证分析》,《农业经济问题》2017 年第 6 期。

各类指数,如显性比较优势指数、贸易结合度指数、贸易互补性指数等说明了中蒙贸易的特点,结论是蒙古国通过市场的扩大效应使得对外贸易增长,而中国是通过竞争力提升效应获得对外贸易增长。[①] 诺敏(2011)通过分析中蒙贸易的各类指标得出中蒙贸易竞争性小于互补性的结论。一方面是蒙古国的自然资源丰富而劳动力缺乏,另一方面是中国人力资源丰富,且资金技术方面优于蒙古国,两个国家可以形成优势互补。[②] 小苏(2011)通过梳理和分析中蒙贸易现状,基于宏观经济和国际贸易理论,对两国进出口结构和互补性进行了研究,发现两国贸易结构比较优势突出,其中蒙古国以资源密集型产品出口为主,而中国以劳动与技术密集型产品出口为主,两者优势互补。与此同时作者也分析了影响两国贸易发展的不利因素并提出了有效建议。[③]

(7)关于"中蒙俄经济走廊"建设经济效应的分析。李艳华和郭振(2017)认为,中蒙俄在地理上相互毗邻,具有良好的地理位置和政治互信的基础,经济结构互补,经济互利,经济发展水平相近,"中蒙俄经济走廊"建设具备较好的现实基础,而且"中蒙俄经济走廊"建设可以产生贸易创造效应、贸易转移效应和投资创造效应。[④] 中蒙、中俄的贸易比较优势产品相互交错,因此贸易的互补性要大于贸易的竞争性,这是根据显示性竞争优势指数得出的结论。此外基于贸易结合度指数分析发现,中蒙、中俄的贸易联系都非常紧密,并且具有较大的发展潜力。杜凤莲和赵鹏迪(2012)利用显示性竞争优势指数、经营市场份额指数和产品分散度指数对中蒙、中俄贸易关系进行了分析,结果显示中蒙、中俄贸易具有很强的互补性,其中中国出口产品具有较高的多样性,中国出口产品的优势主要是竞争力提升效应和市场扩大效应,而蒙古国和俄罗斯产品出口主要依

---

① 董锐:《中俄贸易互补性实证分析》,《东北亚论坛》2010 年第 3 期。
② 诺敏:《中蒙贸易互补性与竞争性研究》,《现代商业》2011 年第 6 期。
③ 小苏:《蒙中贸易结构及互补性分析》,首都经济贸易大学 2011 年硕士学位论文。
④ 李艳华、郭振:《"中蒙俄经济走廊"建设经济效应分析》,《哈尔滨商业大学学报》2017 年第 4 期。

赖于产品市场扩大效应。[①]

经济效应评估是学术界历来关注的另一个热点问题,关于区域经济一体化经济效应的实证估计主要有两种比较成熟的方法,即事前估计和事后估计。事前估计法主要通过建立可计算一般均衡模型(CGE)预测和评估区域经济一体化的成立对成员国和其他国家带来的经济效应,目前,基于 CGE 模型开发的全球贸易分析(GTAP 模型)是区域经济一体化组织经济效应研究中使用最为广泛的工具。李艳华(2018)利用 GTAP 模型对"中蒙俄经济走廊"经济效应进行实证分析,结果表明"中蒙俄经济走廊"建立后有利于加强区域内贸易合作,扩大产品的销售数量,提高中蒙俄三国的经济效益以及居民福利。[②]

而事后分析主要是对已经建立的自贸区在实施的若干年内的贸易潜力和经济效应影响因素进行分析。关于贸易潜力和经济效应影响因素的研究,中外学者普遍采用的是引力模型。引力模型在国内也获得了较好的应用。刘威(2016)在计算中蒙和中俄的贸易潜力时,将出口集中度指数、贸易结合度指数引入到了引力模型中,根据引力方程测算出贸易总额与贸易结合度成正向关系,与出口集中度成负向关系;中蒙贸易潜力在"一带一路"倡导下迅速提升,但中国与俄罗斯两国双边贸易潜力尚未充分发挥,仍有进一步扩大的空间。[③] 但是,这种方法的不足之处在于,由于有些变量较难量化及预估,或者是制度性的,这样在以往引力模型及扩展的引力模型结构里,对贸易潜力的评估则必然会产生一定偏差,这是因为上述因素无法精准判断,扩展的引力模型虽然应用范围日益扩大,但是对于数据选择性仍然存在较大的约束性。另外,拟合的估算值只是代表各种贸易决定因素的平均效应,并且一直没有很好地解决贸易阻力研究

---

① 杜凤莲:《中蒙、中俄贸易互补性及其潜力分析》,《广播电视大学学报》2012 年第 1 期。

② 李艳华、戴丽:《"中蒙俄经济走廊"经济效应实证分析——基于 GTAP 模型的模拟分析》,《对外经贸》2018 年第 2 期。

③ 刘威、丁一兵:《中蒙俄经济合作走廊贸易格局及其贸易潜力分析》,《商业研究》2016 年第 10 期。

所存在的问题。在此背景下,有学者将随机前沿方法有效地引入引力模型中,将贸易阻力进行单独处理,使用贸易非效率项吸收那些制度性的、难以估计的限制。该方法不仅有效地解决了对贸易阻力研究的问题,而且还可以较为准确地对贸易潜力进行估计。就以往引力模型和扩张的引力模型中的那些不能精准评估的因素,随机前沿方法对此问题的处理则具有较高的实效性,所得数值相对具有较高精准度。目前已有一些学者利用随机前沿引力模型分析"海上丝绸之路"、中蒙俄之间的贸易潜力及其影响因素。谭秀杰(2015)利用随机引力模型对"海上丝绸之路"的贸易潜力进行了分析,结果表明中国对"海上丝绸之路"的出口潜力巨大,且"海上丝绸之路"的贸易效率也在不断提高。[①] 朱婧(2016)根据中蒙两国2007—2014年相关贸易数据,采用随机前沿引力模型和 Lafay 指数,从出口、进口方向对中蒙双边贸易潜力的固定效应和非效率因素进行测度,从商品类别的角度对中蒙双边贸易的潜力和互补性进行分析。结果显示中蒙双边贸易存在巨大潜力和发展空间,且中国对亚洲的进出口效率损失最小,对大洋洲的进出口效率损失最大,中蒙两国在商品进出口上具有较强的互补性。[②] 谢文心(2017)通过改进的前沿随机引力模型对贸易效应进行量化分析,测算了 2000—2014 年间中国与蒙古国双边贸易合作情况,对双边贸易的潜力和影响因素进行分析。根据结论进一步分析两国经贸合作的发展方向与途径,积极探索合理路径以融入"一带一路"的建设之中。[③] 利用随机前沿引力模型,丁广伟(2016)分析了 2005—2014 年我国 19 个重要贸易伙伴的贸易数据,有效识别了影响我国与蒙古国、俄罗斯贸易的重要因素,并分析了中蒙俄的贸易潜力。研究表明中国对蒙古国的贸易效率较高,双方效率均值都在 0.94 以上,但是中国与俄罗斯

---

① 谭秀杰、周茂荣:《21 世纪"海上丝绸之路"贸易潜力及其影响因素——基于随机前沿引力模型的实证研究》,《国际贸易问题》2015 年第 2 期。

② 朱婧、张静:《"丝绸之路经济带"视域下中蒙贸易潜力及贸易结构分析》,《商业研究》2016 年第 4 期。

③ 谢文心:《"一带一路"建设下中蒙经贸合作与发展》,《经济问题》2017 年第 2 期。

的贸易效率处在比较低的水平。[1] 李艳华(2019)利用中蒙俄对外贸易面板数据,通过随机前沿引力模型分析了中蒙俄三国经济效应的影响因素以及贸易潜力。结果表明在自然影响因素方面,GDP 与经济效应成正比,地理距离与经济效应成反比,因此中蒙俄三方具有其他贸易多边组织不具备的地缘优势;中蒙俄三个国家的贸易效率明显低于"一带一路"整体水平,这从侧面反映出三个国家的经济效应具有较大的潜力和提升空间。[2]

### 1.3.3 国内外研究现状评述

从研究视角看,首先,"中蒙俄经济走廊"建设的提出到现在只有四五年的时间,"中蒙俄经济走廊"建设还处于初期阶段,目前研究成果主要是从中蒙和中俄贸易各自发展现状以及发展前景角度出发,进行单独分析,已有研究还较为碎片化,从三个国家之间关系的角度来共同分析"中蒙俄经济走廊"建设的相关研究还较少,"中蒙俄经济走廊"建设经济效应的研究,目前尚属空白。

从研究内容看,首先,"一带一路"倡议是国内学者研究"一带一路"与"中蒙俄经济走廊"关系的出发点和立足点,但是还不能够体现和代表蒙古国和俄罗斯的观点和看法,缺乏直接反映蒙古国和俄罗斯两国学者和政府的观点和态度以及为"中蒙俄经济走廊"建设所做出的贡献与努力。其次,区域经济一体化虽然已经形成了比较完备的理论体系,但是随着国际社会新形势的发展与变革,区域经济一体化理论仍然需要不断完善与补充,在局部仍然存在片面性。目前区域经济一体化的研究主要集中在发达国家内部,关于发展中国家之间、发展中国家与发达国家之间的"南南合作"和"南北合作"研究仍然需要进一步加强。还有"一带一路"建设

---

① 丁广伟:《中蒙俄贸易现状及其潜力分析——基于随机前沿引力模型》,《西伯利亚研究》2016 年第 5 期。

② 李艳华:《"中蒙俄经济走廊"经济效应影响因素及贸易潜力分析》,《统计与决策》2019 年第 3 期。

主要涵盖了众多发展中国家,是欠发达国家参与区域经济一体化与区域合作的中间方案,还需要在理论和实践中进行深入的研究。最后由于"中蒙俄经济走廊"建设是一个刚提出不久的新鲜事物,目前学术界对该走廊建设缺乏一个系统和深入的研究,当前国内外研究成果主要是对"中蒙俄经济走廊"建设的提出与可行性论证,主要从宏观的角度进行梳理,缺少关于经济走廊建设经济效应的相关分析与研究。

从研究方法来看,对国内外学者来讲,"一带一路"倡议还是一个全新的课题与研究领域,现阶段相关的理论和实证研究都还比较粗浅。国内外现有的"中蒙俄经济走廊"的研究注重对"中蒙俄经济走廊"的制度性、政策性、可行性、必要性、存在的问题、对策建议等方面的理论分析,对于三个国家共同建设"中蒙俄经济走廊"经济效应的问题较少进行全面系统的研究,较少运用模型和计量分析方法进行实证分析。

## 1.4 研究内容与主要创新点

### 1.4.1 研究内容

本书具体的研究内容包括:

第2章中界定"中蒙俄经济走廊"建设经济效应的相关概念。在现有研究中对于经济效应的界定各不相同,对于经济效应的内涵也众说纷纭。本书将"中蒙俄经济走廊"建设经济效应的概念加以界定,并给出对应的外延;介绍理论基础和文献回顾部分。这部分以本书研究的核心内容为重点,主要针对国际分工理论、区域经济一体化理论和地缘经济学理论三个方面的理论和实践探索研究进行了概述,上述三个方面的理论是本书的理论基础,既进一步深入分析了本书的主要内容,同时也为"中蒙俄经济走廊"建设经济效应的理论和实证分析方法的引入和运用做了充分的理论铺垫和技术支撑,保证了研究的可行性和可靠性。

第3章主要介绍了"中蒙俄经济走廊"建设的现实基础和存在的问

题。在第 2 章理论基础上引入相应指标测度分析方法,运用翔实的双边经济数据,分析"中蒙俄经济走廊"建设的区位基础、政治基础、政策基础和经济基础,为"中蒙俄经济走廊"建设经济效应的形成机制和实现机制做了理论铺垫;第 3 章分析了存在的问题有哪些,为对策建议提供依据。

第 4 章主要分析了"中蒙俄经济走廊"建设经济效应的形成机制和实现机制。在第 2 章和第 3 章分析的基础上,主要从基础设施、政策沟通、金融支持、创新能力、贸易和投资便利化水平提高等方面分析了"中蒙俄经济走廊"建设经济效应的形成,为"中蒙俄经济走廊"建设经济效应的实现机制做了铺垫,说明"中蒙俄经济走廊"是可以产生静态效应和动态效应的,为下面的实证分析做铺垫。

第 5 章是关于"中蒙俄经济走廊"建设经济效应的实证研究。在第 2、3、4 章"中蒙俄经济走廊"建设经济效应的理论分析基础之上,构建"中蒙俄经济走廊"建设经济效应的衡量指标,并在此基础上用 GTAP 模型进一步研究由于"中蒙俄经济走廊"的建立在短期内使成员国贸易流量、贸易条件、贸易结构、社会福利等方面出现的变化,在长期对生产效应以及经济增长效应产生的影响。

第 6 章是在第 5 章"中蒙俄经济走廊"建设经济效应实证分析的基础上,提炼出"中蒙俄经济走廊"建设经济效应的影响因素,并运用随机前沿引力模型分析影响因素是如何影响"中蒙俄经济走廊"建设经济效应的,并分析了"一带一路"整体背景下中蒙俄的贸易潜力。

第 7 章是关于提升"中蒙俄经济走廊"建设经济效应的对策。找出问题,分析该问题,以解决问题。在本书的第 3 章中分析了"中蒙俄经济走廊"建设存在的问题,然后对照第 6 章"中蒙俄经济走廊"建设经济效应的影响因素,在"一带一路"的背景下,提出提升"中蒙俄经济走廊"建设经济效应的对策建议。

### 1.4.2　主要的创新点

（1）从中蒙俄三个国家的经济效应视角研究"中蒙俄经济走廊"建设问题。本书把中俄蒙三个国家放在一起进行研究，针对"中蒙俄经济走廊"建设的现实基础和存在的问题，提出了提升"中蒙俄经济走廊"建设经济效应的命题，并从"中蒙俄经济走廊"建设经济效应的形成与实现机制、经济效应的实证分析、经济效应的影响因素、提升经济效应的对策建议等方面进行了全面系统的分析。能够为中蒙俄三方在经济走廊建设中加强合作、建立合作创新治理机制、实现互利共赢提供决策支持。有助于推进三国之间形成更为紧密的开放合作，一起致力于建设开放型世界经济，推动经济全球化朝着更加开放、包容、普惠、平衡、共赢的方向发展。

（2）能够准确运用 GTAP 模型和随机前沿引力模型，对"中蒙俄经济走廊"建设经济效应、经济效应的影响因素及贸易潜力，进行全面评价和较深入的分析。其中包括用 GTAP 模型和最新版（第九版）数据库进行"中蒙俄经济走廊"建设经济效应的实证分析，还应用随机前沿引力模型分析经济效应的影响因素和贸易潜力，通过实证分析得出的结论为提升"中蒙俄经济走廊"建设经济效应提供了科学依据，把"中蒙俄经济走廊"建设纳入更科学的分析框架中，弥补了国内学术界在这方面研究的不足。对"中蒙俄经济走廊"建设经济效应进行量化分析，探究"中蒙俄经济走廊"建设下中国与蒙古国、俄罗斯开展区域经济一体化的经济效应，为中国下一步开展 FTA 战略提供实证支持，相比以往单一贸易政策下的学术研究更具有动态性和前瞻性。

（3）能够以经济效应为主线，针对"中蒙俄经济走廊"建设经济效应问题，形成一套较为完整的内容体系。国内外现有的"中蒙俄经济走廊"的研究注重对"中蒙俄经济走廊"的制度性、政策性、可行性、必要性、存在的问题、对策建议等方面的介绍与分析，或者单纯地计算不同国家之间贸易互补性指数、贸易结合度指数、贸易产业互补性指数等指标，现有文献对"中蒙俄经济走廊"建设经济效应的研究还几乎空白。因此本书针对"中蒙俄经济走廊"建设经济效应问题,对经济效应的形成与实现机制和规律性进行了深度的理论分析,运用GTAP模型进行实证分析,运用随机前沿引力模型进行了经济效应影响因素分析,最后从提升经济效应角度提出了对策建议,从而形成了一套较为完整的内容体系,丰富了经济效应的理论内容。另外,本书还详细分析了"中蒙俄经济走廊"建设对中国具体的产业冲击,有利于制定合理的产业政策,研究可为"中蒙俄经济走廊"建设开展更为深入的经济合作提供决策思路与方法。

## 1.5 研究方法与技术路线

### 1.5.1 研究方法

本书的研究方法主要包括文献综述法、实地调研法、理论与实证相结合的方法、定性与定量相结合的方法等。详细来说,本书的研究方法如下:

(1)文献综述法。文献综述法是一项最基本的研究方法,广泛应用于自然科学和社会科学研究中。本书的研究从现有相关文献出发,通过文献综述了解现有文献的研究进展以及不足之处。通过对现有文献的研究与梳理,了解现有研究对"中蒙俄经济走廊"建设的进展与发展思路,发现了相关研究中缺乏对"中蒙俄经济走廊"经济效应内容的研究以及"中蒙俄经济走廊"经济效应的实证研究,从而在此基础上提炼出本书的主要研究内容。

(2)实地调研法。到海参崴俄罗斯联邦大学、黑龙江省、内蒙古两市一盟、吉林省相关部门、口岸、开发区等进行实地调研,通过专家座谈、问卷调查等收集大量直接数据,进行分析评价。

(3)理论与实证相结合的方法。运用国际分工理论、区域经济一体化理论、地缘经济学理论等理论分析了"中蒙俄经济走廊"建立将为三国带来的经济效应,以及更好地发挥我国与蒙古国、俄罗斯之间的贸易往来;

主要运用贸易结合度指数、显性比较优势指数和贸易互补性指数,利用相关数据对中蒙俄三国贸易的联系程度、互补性进行深入的测算;基于GTAP模型进行了"中蒙俄经济走廊"经济效应的实证分析;利用2004—2015年中蒙俄对外贸易面板数据,通过随机前沿引力模型分析了"中蒙俄经济走廊"建设经济效应的影响因素和"一带一路"整体背景下中蒙俄贸易效率和贸易潜力分析。

(4)定性与定量相结合的方法。本书运用国际分工理论、区域经济一体化理论、地缘经济学理论等理论对"中蒙俄经济走廊"建设的现实基础、"中蒙俄经济走廊"建设经济效应的形成与实现机制等进行定性分析,同时利用中蒙俄贸易的相关数据,并对这些数据进行详细计算整理,用数据说话,得出相应图表,从而更加直观地定量分析"中蒙俄经济走廊"的贸易情况;还运用随机前沿引力模型实证检验"中蒙俄经济走廊"建设经济效应的影响因素,并测算"一带一路"整体背景下中蒙俄贸易效率和贸易潜力;运用GTAP模型进行了"中蒙俄经济走廊"建设经济效应的实证分析。

### 1.5.2 技术路线

本书的总体思路是首先对"中蒙俄经济走廊"建设经济效应相关的概念进行界定,接着对国际分工理论、区域经济一体化理论、地缘经济学理论等理论进行系统归纳和总结,然后分析"中蒙俄经济走廊"建设经济效应形成的现实基础和存在的问题。接下来重点对"中蒙俄经济走廊"建设经济效应的形成机制和实现机制进行理论分析,在理论分析的基础上对"中蒙俄经济走廊"建设的经济效应进行实证分析,这两部分是本书的核心内容。然后对"中蒙俄经济走廊"建设经济效应的影响因素进行实证分析,当对"中蒙俄经济走廊"建立后的经济效应有了充分的认识后,结合"中蒙俄经济走廊"建设经济效应存在的问题和影响因素,有针对性地提出提升"中蒙俄经济走廊"建设经济效应的对策建议。最后对本书理论研究和实证研究的主要结论进行总结。本书的技术路线如图1—1所示。

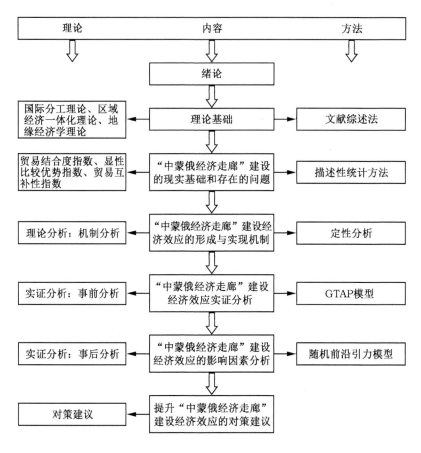

图1—1 技术路线

# 2 相关概念界定与理论基础

随着"中蒙俄经济走廊"的建设逐步深入,它的理论基础也逐渐完善和丰富。本章首先介绍了"一带一路"倡议,"中蒙俄经济走廊"的相关概念、经济效应的基本定义。通过对相关概念的界定,为下文的研究提供了基础。其后,本章将继续介绍本书研究的理论基础,国际分工理论、区域经济一体化理论和地缘经济学理论的内容,为下文的理论分析和实证研究提供理论依据。

## 2.1 相关概念界定

在开始研究之前,首先本节对即将用到的一些关键概念的含义进行清楚的界定。

### 2.1.1 "一带一路"倡议

"一带一路"倡议是习近平主席在首届国际合作高峰论坛上提出的,"从历史的维度看,人类社会正处在一个大发展、大变革、大调整时代。世界多极化、经济全球化、社会信息化、文化多样化深入发展,和平发展的大势日益强劲,变革创新的步伐持续向前,各国之间的联系从来没有像今天这样紧密。从现实维度看,我们正处在一个挑战频发的世界中。世界经济增长需要新动力,发展需要更加普惠平衡,贫富差距鸿沟有待弥合。地区热点持续动荡,恐怖主义蔓延肆虐。和平赤字、发展赤字、治理赤字是摆在全人类面前的严峻挑战。"[1]"一带一路"是习近平主席于 2013 年基于对历史和时代大背景的深刻分析与科学判断基础上提出的重大发展倡议,以此为基础国家成立专门工作小组推动其发展,并进行了周密的顶层设计和发展研究。2015 年 3 月,《推动共建丝绸之路经济带和 21 世纪海上丝绸之路的愿景与行动》由三个部门联合发布,文件构建了建设"一带一路"的基本框架。

### 2.1.2 "中蒙俄经济走廊"的相关概念

"中蒙俄经济走廊"的相关概念主要包括经济走廊与跨境经济走廊、"中蒙俄经济走廊"的地理范围与建设内涵两个方面。

#### 2.1.2.1 经济走廊与跨境经济走廊

"走廊是连接两个或多个地区的交通走廊;经济走廊是通过经济渠道连接经济活动的核心节点城市,实现由局部到部分、从部分到整体的多层次区域经济合作模式。"在全球化、区域化和世界经济一体化的趋势下,跨界经济走廊成为区域经济合作推进的典范[2]。由于不同国家与地区的保障措施及具体实施路径不同,跨境经济走廊需要通过不同国家之间多边或者双边的经济合作构建。基于国际关系的复杂性,跨境经济走廊的建设需要双方政治互信达到一定的高度,经济上高度依存,经济流动性没有障碍,区域合作机制完善,这样才能构建一个三维交叉互补的多元化经济交通网络。

#### 2.1.2.2 "中蒙俄经济走廊"的地理范围与建设内涵

2013 年 9 月的"一带一路"倡议中,我国计划与周边国家共建六大国

---

① 习近平:《携手推进"一带一路"建设——在"一带一路"国际合作高峰论坛开幕式上的演讲》,2017 年 5 月 14 日。

② 王海燕:《"一带一路"视域下中蒙俄经济走廊建设的机制保障与实施路径》,《华东师范大学学报(哲学社会科学版)》2016 年第 5 期。

际经济合作走廊①,"中蒙俄经济走廊"由于基础建设较好,覆盖欧亚大陆面积广,是"丝绸之路经济带"的主动脉,在六大国际经济合作走廊中排在第一位。蒙俄率先推进与中国的基础设施互联互通,是丝绸之路建设中的新亮点,有利于在亚欧大陆形成新的区域经济发展格局。

2014 年 9 月 11 日,习近平主席在中蒙俄元首会议上表示,"丝绸之路经济带"建设的倡议得到了蒙俄的积极响应,其与俄罗斯"欧亚经济联盟"和蒙古国"草原之路"战略无缝对接,进而有助于推动"中蒙俄经济走廊"的建设。② 作为"丝绸之路经济带"的重要组成部分,"中蒙俄经济走廊有两个通道,一是华北通道,从京津冀到呼和浩特,再到蒙古国和俄罗斯;二是东北通道,沿着老中东铁路从大连、沈阳、长春、哈尔滨到满洲里和俄罗斯赤塔"③。习近平主席指出:"中蒙俄三方的发展战略高度契合。中方提出建设'丝绸之路经济带'的倡议,得到了俄罗斯和蒙古国的积极响应。我们可以将'丝绸之路经济带'与俄罗斯'欧亚经济联盟'和蒙古国'草原之路'对接起来,创建'中蒙俄经济走廊',加强铁路、公路等互联互通建设,促进通关和运输便利化,促进跨境运输合作,研究三方跨境运输网络建设,在旅游、智库、媒体、环保、减灾、救灾等领域开展务实合作。三方可以在上海合作组织框架内深化合作,共同维护地区安全,实现共同发展。三方还必须加强国际合作,共同维护国际关系基本准则,共同倡导互信、互利、平等、协作的新安全观,倡议通过和平方式进行对话和谈判,共同促进通过和平方式解决国际争端和热点问题。中方支持蒙古国积极参与地区事务。"④

"中蒙俄经济走廊"的主要内涵如下:"一是共同发展,首要的原则是,

---

① 2016 年 3 月发布的"十三五"规划指出,推进"一带一路"建设是"十三五"规划的重要内容。其中"一带一路"主要由海路和陆路两部分组成,一是 21 世纪海上丝绸之路,从福州过南海,延伸至南太平洋或经印度洋至欧洲;二是丝绸之路经济带,包括 6 条经济走廊,即中蒙俄、中国—中亚—西亚、中国—中南半岛、新亚欧大陆桥、中巴、孟中印缅六大经济走廊建设。

② 习近平:《打造中蒙俄经济走廊》,《人民日报》2015 年 3 月 29 日。

③ 《中蒙俄经济走廊、开辟东北开放新通道》,凤凰网,2015 年 3 月 26 日。

④ 共同打造中蒙俄经济走廊,商务部通讯,2014—09—12。

促进周边和谐稳定、睦邻、安邻、富邻,共建亚欧命运、责任和利益共同体;二是为了促进亚洲和欧洲基础设施的互联互通和跨界合作,人员流畅,沟通顺畅;三是促进亚洲和欧洲的贸易便利化,目的是在世界市场上这三个国家能够进行更多的贸易交易;四是使区域产业分工体系重新构建,加强中蒙两国的产业互助,建立更健全合理的产业结构,在国际市场上获得更多的话语权;五是重新构建国际金融体系,促进区域投融资便利化。"①

### 2.1.3 经济效应

经济效应在现有的文献中指由于主动或被动地采取某种行为或某项政策而产生的经济效果。"中蒙俄经济走廊"指中蒙俄三个国家以同等互惠准则作为前提条件,在生产范围内,通过不同生产要素之间的流动所进行的持续时间较长的协同经济活动。在经济发展层面上,它实际上就是各生产要素自由流动于次区域范围中的动态过程,旨在通过有效配置各成员方的不同生产要素,促进各国生产效率的提升,实现次区域范围之内的投资与贸易便利化,推动各成员方的经济发展。在经济范畴上,它属于区域经济一体化范畴。本书中的"中蒙俄经济走廊"建设的经济效应分为静态效应和动态效应,前者是一种短期效应,是指在排他性的优惠安排实施后在短期内使成员国贸易规模、贸易流向、贸易条件以及贸易结构等方面出现的明显变化,本书涉及的短期静态效应有贸易创造效应、贸易转移效应、贸易扩大效应、贸易条件效应和贸易结构效应、社会福利效应。而后者是一种长期效应,是指在排他性的优惠安排实施后在一段时间内才会表现出来的对成员国经济的影响,包括对生产、投资以及经济总量的影响,它是比短期静态效应更深层次的一种变化,本书涉及的长期动态效应有投资效应、规模经济效应、竞争效应以及经济增长效应、产业集聚效应、生产效应。

(1)关于贸易创造与贸易转移效应。在区域经济一体化效应分析中,

① 王海燕:《"一带一路"视域下中蒙俄经济走廊建设的机制保障与实施路径》,《华东师范大学学报(哲学社会科学版)》2016年第5期。

贸易创造与贸易转移是两种一直占主导地位的经济效应。Viner-Meade
的经济效应分析框架分为两层："第一层强调了这两类效应的重要性，第
二层则在此基础上考虑了价格因素的影响，也就是贸易条件效应。目前
该分析框架主要还属于静态分析，贸易创造与转移效应的分析都是纯理
论的。"随着 Tinbergen(1962)在 1962 年将引力模型应用到对外贸易理论
分析中，该类研究才逐渐转化为实证类研究。Adams(2003)认为"如果区
域经济一体化成员的贸易创造和转移效应影响到世界市场进出口的价格
时，或者贸易生产的成本随着产量而逐渐增加的情况发生时，那么就有必
要对贸易条件效应进行重点考察。分析区域经济一体化内部成员利润分
配关系和对世界其他地区经济影响时，贸易条件效应是一个非常重要的
评估指标。区域经济一体化成员国的贸易条件改善可能会使得成员国存
在贸易转移效应，但是它的净福利仍然有可能为正。"这个结论已经被很
多经济专家和学者证明了，例如 Lipsey(1957)、Johnson(1975)、Wonna-
cott(1989)分别使用无差异曲线、进口商效用函数以及其他曲线对该观
点进行了论证。[①] 在此基础上，Winters 和 Chang(2000)、Chang 和 Win-
ters(2002)分别分析了西班牙加入欧盟和巴西加入南方市场的影响。研
究结果发现如果区域经济一体化组织外的国家降低商品的出口价格，那
么区域内的成员国会改善贸易条件。到目前为止，有关贸易条件方面的
实证研究还比较少。

　　(2)关于投资创造与投资转移效应。"投资创造"和"投资转移"两个
概念是美国学者金德尔伯格(1966)借鉴瓦尔纳(1950)的区域经济一体化
的贸易创造学说和贸易转移学说提出了投资创造和投资转移理论，当前
大多数实证分析验证了，通过组建区域经济一体化，可以有效带来 FDI
的增加[②]。所谓投资创造效应是指区域经济一体化组织成立后，由于实

　　① Wonnacott P. ,Lutz,M. ,"Is there a case for free trade areas?" in Schott, J. J. ed. *Free Trade Areas and U. S. Trade Policy* ,1989.

　　② Kindleberger C. P. European Integration and the International Corporation. *Columbia Journal of World Business* ,1966(1).

现了贸易转移效应,区域外的国家很难进入区域内,为了不损失原来的出口市场,所以选择直接投资的方式进入区域内,同时区域内的成员国之间为了抓住机遇,获得更多的区域市场份额,也都增加相互间的直接投资份额。投资转移效应是指,一方面,区域经济一体化集团的成立重新调整了各成员国间的区位优势,资本就会流动到区位优势更明显的成员国;另一方面,由于市场空间的扩大,区域外的国家纷纷增加对区域内成员的投资,使得其他地区的投资减少。例如 Baldwin、Forslid 和 Haaland(1995)通过实证分析了单一市场计划对成员国家产生的这两类效应[1];而 Francois 和 Rombout(2000)的研究则根据南北区域一体化对于小的国家会产生明显的投资增长效果,如西班牙、葡萄牙和爱尔兰等通过加入区域一体化投资增长显著[2]。该研究对后续研究非常有启发作用。首先,区域经济一体化的内部成员国如果降低关税,会使 FDI 增加(因为投资者预期收益增加,会增加固定资产投资);其次,如果降低关税,会使有"关税避让"想法的投资者将投资方式变为出口方式。按照金德尔伯格理论,投资效应分成四类:区内对区内的投资创造效应、区外对区内的投资创造效应、区内对区内的投资转移效应、区外对区内的投资转移效应。

表 2—1　　　　　　　　　　　金德尔伯格的静态分析框架

| 投资创造效应 | 投资转移效应 |
| --- | --- |
| 区内对区内的投资创造效应 | 区内对区内的投资转移效应 |
| 区外对区内的投资创造效应 | 区外对区内的投资转移效应 |

(3)规模经济效应。规模经济效应是关税同盟理论的第一个动态效应。区域内成员国之间的贸易因为关税同盟成立后变得更加方便。企业由于市场需求增加,便不断扩大生产规模,降低生产成本,实现规模经济,

①　Baldwin R. , Rikard, F. , Jan, H. Investment Creation and Investment Diversion: Simulation Analysis of the Single Market Program, NBER Working Paper, 1995.

②　Francois J. , Rombout, M. Preferential Trade Arrangements, Induced Investment and National Income in A H-O-Ramsey Model, Tinbergen Institute Discussion Paper, Amsterdam, 2000.

提高了企业的竞争力。因此,规模经济效应是由于关税同盟带来的巨大市场效应导致的。日本学者小岛清(1970)的协议性国际分工理论也是分析区域经济一体化规模经济效应的著名理论之一。[①] 小岛清在观察欧洲经济共同体内部分工之后指出,在经济共同体内实施协议性国际分工可以实现规模经济。根据这一理论,区域内成员协调扩大成员国之间的分工,能够更好地获得规模经济效应,但仅仅依靠传统国际分工理论是不够的。因为规模报酬递减和成本差异是传统的国际分工理论的基础,它没有考虑到规模报酬递增和相同的成本情况。为了弥补这一缺点,小岛清提出了协议性分工理论。其基本内容是:"在规模报酬递增的行业中,区域内成员可以通过签署区域经济一体化组织的协议来提供市场,这样签订协议的国家从而可以享受到由于市场需求增加和生产规模扩大而带来的规模经济效应。协议性分工的实施必须具备以下三个条件:第一,实行协议性分工的国家必须经济发展水平大致相同,并能够生产作为协议对象的产品。如果这种条件得不到满足,那么传统的比较优势理论将发挥作用,从而在不需要协议性分工的情况下形成这些国家之间的垂直型分工。第二,协议性分工对象的产品必须能够实现规模经济效应。第三,对于参与协议性分工的国家来说,生产任何类型的协议中的产品,所获得的利润差别不大,否则很难达成协议。"从这些条件来看,协议性分工发挥作用的前提是区域经济一体化组织中的国家必须是一种类型,要么是发达国家,要么就是发展中国家。

(4)经济增长效应。发达国家早期经济增长的原因是区域经济一体化的发展,但是这种形式不能促进发展中国家经济增长。例如 Baldwin 和 Venables(1995)的研究表明区域经济一体化不能促进非欧洲的内部成员国的经济增长。Henrekson、Torstensson 和 Torstensson(1997)的研究也证明了这一结论的正确性,在 1976—1985 年十年间欧洲经济一体化组织内部成员经济增长的原因是该一体化组织的发展。Brach 和 Mendez(1988)分析了

---

① 小岛清著,周宝廉译:《对外贸易论》,南开大学出版社 1987 年版。

6个区域经济一体化组织对经济增长的影响,研究结果表明 LAFTA、CMEA 的回归系数为正值,EFTA 为负值,其他三个区域经济一体化的回归系数并不显著,说明经济增长依靠区域经济一体化组织的促进作用并不显著。DeMelo、Montenegro 和 Panagariya(1992)等使用回归分析方法研究了区域经济一体化的实践对发展中国家的作用,结果表明区域经济一体化的实践并没有使发展中国家的收入增加,没有使经济增长。对于 20 世纪 90 年代后成立的区域经济一体化组织,Vamvakidis(1999)指出,南北区域一体化对成员国家的经济增长作用比较明显,因为"南北合作"和"南南合作"相比,"南北合作"更具有开放和自由的特征,区域成员国经济增长的原因是更容易获得发达国家的溢出效应。

(5)竞争效应。建立关税同盟以前,许多行业在国内已经形成了垄断,几家企业为了获得超额垄断利润长期占据国内市场,这对于各国的资源配置和技术进步是不利的。建立关税同盟以后,由于取消了各种贸易壁垒,企业之间面临的竞争更加激烈,从而能够在更广阔的范围内更有效地配置生产要素和资源,拓展了专业化分工的广度和深度,生产效率得到提高。1958 年,西托夫斯基(Scitovksy)指出:"建立关税同盟能够消除成员国之间的关税和贸易限额,打破垄断,大公司也要面临竞争,从而使产品生产规模扩大、价格下降、成员国的福利水平提升。"

(6)产业集聚效应。区域经济一体化的建立将影响不同经济体的产业布局,制造商的位置、劳动力流动和新制造中心的形成等,导致产业集聚效应。行业的向心力和离心力之间的相互作用产生了产业集聚效应。什么是向心力和离心力呢? 马歇尔(1920)认为"需求的扩大效应、知识溢出效应、劳动力市场的蓄水池效应统称为向心力。与产业集聚效应相关的外部经济被称为离心力,比如大城市较高的生活成本、环境污染、交通拥堵等"。而克鲁格曼(Krugman,1991)基于新经济地理学的核心模型,进一步分析了产业集聚效应的影响因素——向心力和离心力。他认为,价格效应和当地市场效应属于向心力;离心力一般存在于市场竞争中,因为集聚效应造成的企业数量增加会加剧竞争,从而使企业的盈利能力降低。[①]

总之,"中蒙俄经济走廊"建设的经济效应也可以定义为区域集聚效应,即区域内生产要素和生产活动的分布和集中对经济效率的影响,经济效应是指这一区域经济效率的综合衡量。

## 2.2　理论基础

本节主要介绍国际分工理论、区域经济一体化理论和地缘经济学理论的内容。

### 2.2.1　国际分工理论

(1)绝对优势理论。在《国民财富的性质和原因的研究》中亚当·斯密首次提出了"绝对优势理论",他认为:"如果购买所费,比较家内生产所费为小,就一定不宜于家内生产,那是贤明的家主都知道的格言。"绝对优势理论是指如果某国生产 X 商品所消耗的成本绝对少于其他国家,那么该国在 X 商品上就具有绝对优势,应该生产并且出口 X 产品。绝对优势理论的基础是地域分工理论,亚当·斯密从微观的个体到宏观国家、社会的角度来说明地域分工理论是合理的。但是绝对优势理论的缺陷在于只说明了国际贸易的一种情况,没能说明国际贸易的普遍规律。

(2)比较优势理论。最初,在《政治经济学及赋税原理》这部经典著作中大卫·李嘉图第一次提出了"比较优势"的概念,后来这一理论不断得到丰富和发展。比较优势的含义是:"所谓比较优势就是同一种产品由于各国生产产品时的劳动生产率存在差异,所以不同国家生产的机会成本就不同。"[②]后来,赫克歇尔—俄林又进一步补充和发展了这一理论,他们

---

① Krugman P. Increasing Returns and Economic Geography. *Journal of Political Economy*, 1991(99).

② 林毅夫、李永军:《比较优势、竞争优势与发展中国家的经济发展》,《管理世界》2003 年第 7 期。

认为"国际贸易发生的原因是各国的要素禀赋结构存在差别,所以导致要素的相对价格在国际间也存在差别"。按照比较优势理论,"劳动力充裕的国家应该出口劳动密集型产品,资本充裕的国家应该出口资本密集型产品,即每个国家应该出口本国具有比较优势的产品"。[1] 比较优势理论的重点是各国为了享受到比较利益,应该凭借它先天拥有的要素禀赋参与国际分工。

(3)马克思的国际分工理论。马克思的国际分工理论由以下几部分内容构成:社会生产力发展到一定程度之后必然会产生国际分工合作,而国际分工的进一步发展不仅促进了社会生产力的提高,而且加深了世界各国经济互相依赖的程度;国际分工和社会生产力是互相依赖、互相促进的关系。国际分工深化的客观基础是社会生产力的不断发展;社会生产力的发展又进一步促进国际分工的深化;资本主义国际分工的性质和特征是强制、畸形、剥削。

(4)赫克歇尔—俄林的资源禀赋理论。在 1919 年发表的《对外贸易对于收益分配的影响》一文中赫克歇尔就提出过相关理论,后来俄林在赫克歇尔基本理论的基础上,补充和发展了这一理论。在 1933 年出版的《区际贸易与国际贸易》中进一步阐述了比较优势理论。该理论认为国际贸易产生的原因之一是各国拥有资源禀赋的数量不同。各国国情不同,拥有资源禀赋的数量也不同。根据西方经济学的价格理论,价格由供求关系决定,若一国的某种资源禀赋比较丰富,价格就相对便宜。该国如果用这种丰富的资源禀赋生产商品,那么这种商品的生产成本就低。国际贸易产生的另一个原因是,每种商品所使用的生产要素的比例不同。根据产品生产过程中所使用的各种生产要素比例的多少,可以将产品分为劳动密集型产品、资本密集型产品、技术密集型产品等。据此,俄林得出结论:"贸易的首要条件是某些商品在某一地区生产要比另一地区生产便宜。在每一个地区,出口商品中包含着该地区比其他地区拥有较便宜的

---

[1]　陆奇岸:《比较优势与竞争优势的比较分析》,《贵州社会科学》2005 年第 3 期。

相对大量的资源禀赋,而进口别的地区能较便宜生产的商品。简而言之,进口那些含有较大比例资源禀赋便宜的商品。"

(5)当代国际分工理论:竞争战略——波特的钻石理论。在1990年出版的《国家竞争优势》一书中,迈克尔·波特提出了竞争力理论,即钻石理论。他通过研究10个国家的上百种产业的历史数据,指出了一个国家、地区产业或企业要想获得竞争优势,需要将生产要素条件、需求条件、相关和辅助产业情况、企业策略、结构与竞争者、机遇和政府行为这六个要素进行组合,形成动态作用过程,它们一起构成了"钻石模型"。

### 2.2.2 区域经济一体化理论

按照程度由低到高的顺序,自由贸易区、关税同盟、共同市场、经济同盟、完全经济一体化等是区域经济一体化的不同表现形式。传统贸易理论中的重要前提是生产要素可以在各个成员内部进行自由的流动,但是不能够在不同成员之间进行自由的流动。

然而随着Viner(1950)关税同盟理论在第二次世界大战以后的逐渐成型和其研究成果的发表,该理论成为了区域经济一体化的核心理论。在一系列严格前提条件的限制下,如生产成本不变、运输成本为零和竞争市场为完全竞争等,很多专家和学者对关税同盟的"贸易创造"和"贸易转移"效应进行了量化,如 Viner(1950)、Makower 和 Morton(1953)[1]、Meade(1955)、Lipsey(1960)[2]等,该量化内容成为判断区域经济一体化是否成立的重要标准,并且一直沿用到现在。从1970年开始经济专家和学者总结了已有理论的不足,并将动态效应分析和经济增长影响分析等研究加入区域经济一体化的理论中,所以产生了很多新的理论,比如"大市场理论"和"偏好工业生产理论"等。

---

[1]　Makower H.,Morton,G.,A Contribution Towards A Theory of Customs Union,*Economic Journal*,1953,63(249).

[2]　Lipsey R.G.,"The Theory of Customs Union:A General Survey",*Economic Journal*,1960,70(279).

在此之后,从 20 世纪 80 年代开始以 de Melo[1] 为代表的专家和学者在新的贸易理论研究中加入了不完全竞争、规模经济理论、多样化偏好及产品异质性等内容。新的视角在理论界产生了巨大的影响,使传统经济学家对区域经济一体化内容的理解发生了转变(Krugman,1991;Panagariya,1992;Bhagwati,1993;Ethier,1998[2])。

进入 90 年代以后,全球区域经济一体化发展迅速,并伴随着许多新特点,很多专家和学者把这种现象叫作"新区域主义",并从各个角度重新解读了这一新现象,其中包含新经济增长理论、产业组织理论、地理学理论、市场一体化经济学、博弈方法与理论等,希望能够找到对该现象正确解读的方法。然而直到今天为止,关于该现象的理论体系仍然处在构建之中。

目前国内外对发展中国家参与区域经济一体化建设的专门研究还非常有限,因此相关研究还没有很好的研究脉络。Balassa(1965)认为传统的关税同盟理论由于没能有效考虑区域一体化与经济发展的相互关系而不适用于发展中国家。[3] Cooper 和 Massell(1965)则认为发展中国家的关税同盟理论应该包含贸易条件、贸易平衡、规模经济、非充分就业、外部性、资本品进口等相关内容。他们认为发展中国家参与区域经济一体化的原因应该同时包含经济目标和非经济目标,如工业化目标等。[4] 然而目前关于发展中国家参与经济一体化的研究都仅限于定性的分析,还没有达到定量化及模型化的规范标准,因此有关发展中国家参与经济一体化建设的研究还需要进一步深入,是区域经济一体化理论发展中的重要难点之一。

国内也有一些学者对区域经济一体化理论进行了探讨。刁秀华和张

---

[1]　de Melo J. , Montenegro, C. , Panagariya, A. Regional Integration Old and New, World Bank Working Paper, 1992.

[2]　Ethier The New Regionalism, *Economic Journal*, 1998, 108 (449).

[3]　Balassa, Economic Development and Integration, CEMLA, Mexico, 1965.

[4]　Cooper C. A. , Massell B. F. , Toward A General Theory of Customs Union for Developing Countries, *Journal of Political Economy*, 1965, 73(5).

婷婷(2011)探讨了辽宁省在东北亚区域经济合作中面对的机遇,辽宁省经济的快速增长对振兴东北老工业基地有着非常重要的作用,因此找出一条适合辽宁省在东北亚区域经济合作中发展的路径是亟待解决的问题。[1] 刘彦君(2012)首先分析了东北亚区域的内涵,通过对东北亚内涵的分析和解读,研究了 2008 年金融危机后的东北亚区域经济一体化形势,归纳和总结了危机后的东北亚区域经济合作发展趋势。[2] 张辛雨(2015)研究了"一带一路"背景下,位处东北亚区域地理几何中心的吉林省在东北亚区域合作中遇到的机遇和挑战。在区域经济合作新形势下,中国在东北亚区域经济合作中的作用日益凸现,吉林省的产业集聚,优势显著,对东北亚区域经济合作具有重要的战略意义。[3] 邢广程(2015)致力于中蒙俄哈阿尔泰地区经济合作带的研究工作,他指出为了充分体现"中蒙俄哈阿尔泰区域经济合作带"的战略价值以及地缘优势,应该将其纳入"一带一路"中。[4] 张秀杰(2015)分析了东北亚区域经济新联盟的区域经济一体化进程下"中蒙俄经济走廊"的发展情况,他指出该走廊的建设不仅能促进东北亚区域形成一个新的经济区域,进而实现三国的区域经济一体化进程,而且能够在很大程度上促进东北亚的区域经济一体化进程。[5] 张平(2017)认为"一带一路"是中国跨国区域合作和全球化的新战略。对中国"一带一路"的探索从本质上是跨国区域合作发展和共同发展的新模式。它还倡导优先发展基础设施,并与金融服务体系合作,包括亚洲基础设施投资银行、丝绸之路基金、金砖银行和上海发展银行以及国

---

① 刁秀华:《辽宁参与东北亚区域合作的 SWOT 分析及战略定位》,《东北财经大学学报》2011 年第 5 期。

② 刘彦君:《后危机时期东北亚区域经济合作的新趋势及中国战略选择》,浙江师范大学2012 年硕士学位论文。

③ 张辛雨:《吉林省融入"一带一路"的路径分析与思考》,《长春金融高等专科学校学报》2015 年第 11 期。

④ 邢广程:《打造中蒙俄哈阿尔泰区域经济合作带》,《大陆桥视野》2015 年第 8 期。

⑤ 张秀杰:《东北亚区域经济合作下的"中蒙俄经济走廊"建设研究》,《学习与探索》2015 年第 6 期。

内政策性银行等,进行跨国区域的"开发优先"合作模式。①

### 2.2.3 地缘经济学理论

国际关系理论是地缘经济学的理论基础。20世纪末期,世界经济强大的国家争先恐后地与美国加强区域经济联系,目的是想通过这种方式保护国家安全和扩张势力范围,争取"世界领导地位",地缘经济学就是在这样的背景下产生的。卢特瓦西在1990年第一次提出地缘经济学的概念和重要地位,认为地缘经济学将来必将取代地缘政治学,成为地缘政治学的高级发展阶段。地缘经济学的基础是地理要素,其主要研究方向和研究的出发点是地缘关系,国家要想实现国家利益以及增强国际地位首先要研究地缘关系。

在地缘经济学的研究中,地缘经济学的理论基础是美国学者爱德华·卢克沃特1990年发表在《国家利益》上的《从地缘政治冲突的代表:地缘经济逻辑与贸易规则》一文。欧洲地缘经济学研究的鼻祖是意大利学者卡罗尔·让,他在1991年初发表了《地缘经济的工具、策略》和《从地缘政治和军事战略的角度——经济学中的地缘经济地位的分析策略》两篇论文,开创了地缘经济学理论的先河。此后,随着世界政治、经济、军事关系变得越来越复杂,具有地缘优势的国家和地区开始进行彼此间密切合作,进而实现经济的国际化和全球化。地缘经济学开始被众多的学者关注,并被进一步补充和发展。

"地缘经济学"理论主要由以下内容组成:(1)研究国际关系中经济发展和经济量的时空关系、分布状况及其运行机制轨迹等问题。(2)世界经济现象与地理关系、地缘区位之间的关系及其规律。(3)地理现象、地缘关系和国际社会经济文化之间是相互作用、相互影响的。(4)当代各国区域经济发展战略的理论依据是地缘经济学,其能为经济开发、设计、规划

---

① 张平:《"一带一路":中国"开发优先"跨国区域合作的探索》,《学习与探索》2017年第5期。

提供全面的理论依据。(5)地缘经济要素的流动组合、金融贸易、跨国企业对世界经济和区域经济产生重要的影响。(6)国际或区域经济集团的形成和发展机制,以及经济和政治组群之间的相互作用和相互影响的关系。(7)地缘经济学研究地缘经济的核心区和外围区,重点研究"核心区"的特征及核心区和外围区之间的相互作用。(8)研究大国与大国形成的经济集团与地缘经济战略问题。

地缘经济学理论的基本特点:(1)地缘经济中的基本要素是地理因素。地缘经济中的基本要素是地理因素,国家经济行为会受到一个国家的地理区位、自然资源的重要影响。一个国家总是优先选择地理位置相邻的国家和地区开展经济活动,地域上的连接产生的经济关系称之为地缘经济关系。(2)区域经济集团化是地缘经济最明显的表现。在目前还不具备充分条件实现全球经济一体化,区域经济一体化表现得比较活跃,它是地缘经济的主要表现形式和内容。

# 3 "中蒙俄经济走廊"
建设的现实基础及存在的问题

　　"中蒙俄经济走廊"是对接和落实"丝绸之路经济带""草原之路"和"欧亚经济联盟"三大战略的重要载体,为中国、蒙古国和俄罗斯三个国家充分发挥各国的经济优势和互补性形成跨区域经济合作的典范,实现三个国家共同利益诉求搭建了一个平台,三个国家在经济政治等诸多方面有广泛的合作关系,为"中蒙俄经济走廊"的建设发展奠定了坚实的基础,但同时"中蒙俄经济走廊"的建设又存在很多问题。

## 3.1 "中蒙俄经济走廊"建设的现实基础

　　根据第 2 章的地缘经济学理论,中蒙俄三国地理位置相邻,也一直保持和睦友好的政治关系,为经济走廊的建立提供了得天独厚的区位基础。根据国际分工理论,三国之间的贸易结构互补,贸易规模也在不断地扩大,经贸关系联系越来越密切,为"中蒙俄经济走廊"建设发展奠定了坚实的经济基础。"中蒙俄经济走廊"建设的现实基础包括区位基础、政治基础、政策基础和经济基础等,下面根据以上方面对"中蒙俄经济走廊"建设的现实基础进行具体分析。

### 3.1.1 "中蒙俄经济走廊"建设的区位基础

在地缘上,中蒙俄三国相互毗邻,开展国际贸易的交通运输成本相对较低。因此,地理位置的毗邻、运输成本的节约是促进中蒙俄三国区域贸易发展的自然优势。中国与蒙古国两国的边界线长 4 710 公里,现在中蒙两国边境线上存在 13 个口岸,而且主要是公路口岸,其中内蒙古自治区是中蒙两国口岸开放最多的省份。自 20 世纪 90 年代以来,由于中蒙两国不断扩大经贸活动,使得两国的口岸合作逐步深化。此外,中国和俄罗斯的边界线总长度多达 4 374 公里,在 2004 年也已被完全勘定。更值得关注的是,蒙俄两国在 2000 年签署了《蒙俄边界划定议定书》,清楚地划定了双方国界线,这确保了中蒙俄三国的边境安全和稳定,而且可以将三国地缘关系优势充分发挥出来,共同开发能源资源,推动多边贸易合作和互联互通,从而推动三国经济的友好合作及共同发展。

中国东北地区处于欧亚大陆的最东端,地域范围主要包括黑龙江省、吉林省、辽宁省和内蒙古自治区的东部三市一盟,是一个地域辽阔、资源丰富和战略价值非常重要的地区,它北邻俄罗斯、东邻朝鲜半岛并与日本隔海相对,自古以来便是兵家必争之地。东北地区的地缘优势在推进"中蒙俄经济走廊"建设中发挥着非常重要的作用。除此之外,天津市作为华北地区的重要港口城市、新型自由贸易试验区之一,在推进"中蒙俄经济走廊"建设中也发挥了巨大的基地作用。本节以黑龙江省、吉林省、天津市、辽宁省、内蒙古自治区为代表,分析我国推进"中蒙俄经济走廊"建设的区位基础。

#### 3.1.1.1 黑龙江省的区位基础

黑龙江省土地面积约为 47.3 万平方公里,与俄罗斯的水陆边界长达 3 045 公里,位于东北亚的中心地带,是连接东北亚诸国、欧亚大陆的枢纽位置,东部与俄罗斯接壤,西部与内蒙古自治区为界,南部与吉林省相邻,四通八达的地理位置及地缘优势使之成为"一带一路"发展建设的重要组成部分以及"中蒙俄经济走廊"建设的重要基地。"黑龙江陆海丝绸之路经济带"对外辐射以蒙古国和俄罗斯为主的东北亚国家和地区,对内辐射我国东北、华北、华东、华南地区,是推进"中蒙俄经济走廊"建设的重要枢纽地带。依托"黑龙江陆海丝绸之路经济带"的过境贸易运输通道和黑龙江地区发达的海陆空交通运输网络与基础设施建设,以沿线城市重点产业园区作为重要支撑,形成了"一核(以哈尔滨为核心枢纽)四带[哈大齐(满)产业聚集带、哈牡绥东产业聚集带、哈佳双同产业聚集带、哈绥北黑产业聚集带]一环(沿边环形产业集聚带)一外(境外产业园区)"的产业发展布局。黑龙江省同俄罗斯的 5 个州区接壤,边境线达 3 045 公里,共有国家一类口岸 25 个,对俄边境口岸 15 个。

### 3.1.1.2　辽宁省的区位基础

辽宁省南临渤海和黄海,东与朝鲜鸭绿江相隔,是东北四省中唯一沿海又沿边的地区,是东北对外开放的门户。辽宁拥有大陆海岸线 2 290 公里,约占全国海岸线的 1/8。辽宁省交通运输网络发达,目前已形成了海运、空运、铁路、轮渡等多种运输形式交织的运输网络。首先,辽宁省拥有非常发达的海运交通,目前拥有大连港、营口港两个大港,吞吐量均超亿吨,123 个万吨级以上的生产性泊位,至今最大靠泊能力已经达到 30 万吨级。此外,辽宁省拥有三个空港,分别为大连、丹东、锦州,拥有 72 条航线,其中国内航线 52 条和国际航线 20 余条。辽宁省拥有多条高速公路,铁大、铁秦等输油管道,拥有目前东北地区最发达、最密集的综合运输体系。辽宁省沿海经济带跨越式发展通过融入亚太经济圈,对接环渤海经济圈,不断促进辽宁省乃至整个东北地区经济、人文等领域的共同发展。"中蒙俄经济走廊"建设通过将辽宁沿海经济带和沈阳城市群经济带互联互通、共同发展,推动中蒙俄经济、人文等不同领域的共同发展。

辽宁地理位置非常重要,具有地缘优势。它是日韩等国货物运往欧亚地区和欧洲地区的通道,也是连通蒙古国和俄罗斯的出海大通道。辽宁与吉林、黑龙江和内蒙古相邻,是连通东北亚地区陆海的重要地带。中蒙俄三国综合交通运输大通道的连通,有助于推进中蒙俄三国基础设施和贸易的互联互通及不断深化中外人文交流。目前,辽宁省正在打造"辽满欧""辽蒙欧"以及"辽海欧"面向欧亚大陆的三条综合交通运输大通道。"辽满欧"通道的起点为大连港、营口港,途经满洲里至俄罗斯乃至欧洲各地。"辽蒙欧"通道以锦州港为起点,途经蒙古国至欧洲各地。"辽海欧"以丹东港为起点,途经蒙古国至欧洲各地。三个通道是"中蒙俄经济走廊"建设的重要组成部分,中蒙俄以运输大通道建设为起点,大力推进沿线重要交通城市及产业园区不同领域的合作,并发展临路经济、临港经济,全面促进"中蒙俄经济走廊"的建设。

### 3.1.1.3 天津市的区位基础

相比于中国其他城市,天津市在推进"中蒙俄经济走廊"建设中地缘优势显著。首先,天津市与蒙俄两国具有长期友好的关系基础,早在1992年,天津市就与蒙古国的首都乌兰巴托市结了友好城市。天津市工业贸易发达,交通运输便利,天津市的贸易与投资额逐年递增,而乌兰巴托市作为蒙古国的第一大城市,是蒙古国的经济、文化中心,两者强强联手相得益彰,此外,天津市铁路局与乌兰巴托市铁路局在国际铁路联运方面也有着非常密切的合作。俄罗斯对天津旅游产业的发展有很大的促进作用,数据统计显示,在天津市年均接待外国旅客数量保持稳定的前提下,来自俄罗斯的游客数量在不断上升,旅游产业良好的发展态势向"中蒙俄经济走廊"建设释放了良好信号。天津港连接蒙俄及"欧亚大通道",得天独厚的地理位置使得天津港在中蒙俄贸易运输中的作用非常显著。目前"欧亚大通道"主要由"蒙俄—二连浩特口岸—天津港"和"蒙俄—珠恩嘎达布其口岸—锦州港"两条线路组成。这两条通道是中国内陆港口向蒙俄出口最为方便快捷的通道,也是进行中蒙俄贸易往来距离最近的海运线路。目前,中俄石油最大合作项目在天津市落户,借助天津港口航运的优势,充分发挥满洲里货运物流通道的作用,不断拓展中俄两国之间物流业及原油、天然气方面的合作。

近年来,天津港的货物吞吐量增加非常迅速,到2016年年底,天津港的货物吞吐量高达6亿吨左右。这种增长迅速不仅仅是天津港作为"中国北方最大综合性港口"的缘由,而且是"中蒙俄经济走廊"的逐步推进为其做出了巨大的贡献。首先,蒙古国作为一个内陆国家没有海岸线,其海运货物的95%都需要经过我国天津港进行转运。蒙古国经济发展对天津港具有极大的依赖性。由此,伴随着"中蒙俄经济走廊"的建设,蒙古国的进出口贸易额会不断扩大,其对天津港的依赖程度也将越发明显。蒙古国的出口总额由2007年的18.87亿美元上升至2016年的56亿美元,进口总额由2007年的21.17亿美元上升到2016年的77亿美元,进口量与出口量都以3到4倍的速度进行增长。由此可见,天津港将在以后蒙古国的进出口运输方面发挥越来越重要的作用。

此外,天津自贸试验区的建设也为"中蒙俄经济走廊"的发展带来了新的契机。天津自贸试验区属于中国自由贸易区范畴,顾名思义,中国将提供一系列完善的优惠政策以及配套设施来吸引国内外有"大项目好项目"的企业入驻,这将使得天津与国际接轨更加便利,天津可以随时随地学习国内外的先进理念,吸收引进先进的科技。作为"中蒙俄经济走廊"建设的主要节点和基地,在中蒙俄经济贸易发展中发挥更加重要的作用。近几年,蒙古国与天津自贸区的联系非常紧密,在其对外出口的产品中,活禽、蔬菜和动物的比例逐年加大,这类产品在长期运输过程中非常容易出现腐烂变质现象,因此对于时间要求和运输设施的条件要求比较高。在转运过程中缩短时间成本并提供一个完善的储存系统对该类商品的出口就显得至关重要。天津自贸试验区的建设很好地解决了这一难题,该自贸区产业园可以提供一条龙的进出口服务,即"一站式进口、查验、仓储、分拨、配送",极大地缩短了货物在港口的滞留时间,与此同时,天津港自由贸易园区还提供用于临时储存的超大冷库,这些政策与设施的便利条件为中蒙俄三国之间的贸易创造了便利条件,自贸区产业园中也入驻了越来越多的商品。

俄罗斯与天津的合作逐渐增加,在"亚洲相互协作与信任措施会议"上中俄双方签署的协议中有两条与天津港关系密切,最值得关注的是中国的石油天然气集团公司与俄罗斯的石油公司签署的项目协议,项目总额高达50亿美元,该项目将落户在天津市的南港工业园区,天津自贸试验区在往来投资者选址上的地位逐渐显著,这进一步印证了天津市是"中蒙俄经济走廊"建设主要基地的重要地位。

此外,天津市融资租赁市场规模的不断扩大也为"中蒙俄经济走廊"建设提供了良好的基础。截至2020年,融资租赁已经成为全球第二大债券融资方式,美日欧等发达国家的市场渗透率在10%—30%,在中国国内,天津是国内融资租赁产业发展的佼佼者,但是市场渗透率仅在3%—5%,因此融资租赁服务在中国还有很大的发展潜力。融资租赁服务汇聚了很多的优点,如财务风险小、限制条件少、融资期限长等,因此融资租赁越来越受到中小企业、新创企业的青睐,这对吸引蒙俄企业与个人到天津市进行投资建厂具有很大的政策支持。

### 3.1.1.4 吉林省的区位基础

吉林省在我国东北地区中部,毗邻俄罗斯,与俄共享241.25公里边境线,邻近俄罗斯滨海边疆,和俄罗斯远东地区商业中心海参崴也只有100公里左右的直线距离;特别是与俄远东滨海边疆区接壤的口岸城市珲春市,随着图们江跨国经济开发区的全面启动,近年发展迅速,已成为新兴的商业城市和功能齐全的资金、技术、人才交流中心。吉林省在"一带一路"发展战略中处于非常重要的地位。一方面,吉林省是东北地区"中蒙俄经济走廊"建设的主干道,俄罗斯远东铁路系统的东西通道和从大连到哈尔滨的南北通道都要经由吉林省,从日本海沿岸经珲春到内蒙古的阿尔山再到蒙古国乔巴山也要通过吉林省,使吉林省在"中蒙俄经济走廊"中占据独特的地理位置优势。另一方面,吉林省是中国、俄罗斯和朝鲜三国的交界处,主要包含吉林延边自治州及其图们和珲春地区。在1992年中国国务院就将珲春确定为对外开放的城市之一,而后又在2009年将长吉图确定为开放的先导区,进一步明确了珲春作为中国对外开放的窗口地位。然而由于朝鲜半岛紧张局势的影响,其在开放东北亚方面一直没有取得重大突破。

吉林省与蒙古国和俄罗斯保持着长期的经济与贸易合作。吉林省商务厅曾在2014年组织多家企业在蒙古国开展经贸合作与交流活动,与当地多家畜牧业相关企业达成合作意向。仅 2016 年一年,吉林省一个省份对蒙古国的进出口额就有 7 644 万美元之多,同比增长接近一倍。吉林省拥有 10 家大型出口企业和 13 家大型进口企业,吉林省出口产品主要包括糖制品、机械器具等。

俄罗斯与吉林省关系较为紧密,其不仅是吉林省第二大入境旅游人员的来源国,而且还是吉林省重要的海外投资国家。吉林省和俄罗斯政府在很多领域进行了深入交流,主要包含港湾建设、农牧业发展及跨境电子商务等。到 2017 年底,吉林省累计在俄罗斯国家的投资企业达到了 157 家左右,并且还建立了 14 家对外机构,专门负责投资矿产开发、农业种植、港口建设等领域。

近年来,吉林省同蒙古国、俄罗斯共同规划了多种交通基础设施的建设与发展,形成了国际陆路交通走廊。通过有效制定跨境运输谈判规则,吉林省开展了许多有效工作,逐步实现了交通运输设施的互联互通。

### 3.1.1.5 内蒙古的区位基础

内蒙古是京津冀和东南沿海"西出"必经之路,连接欧亚最便捷的交通路线就是以满洲里和二连浩特为节点的欧亚大陆桥。内蒙古与俄罗斯和蒙古国之间的边界总长度为 4 261 公里,占中国陆地边界总长度的 19.4%,内蒙古辖内的边境上有 19 个旗市和 57 个边境乡镇(苏木)。其通关能力处于全国先进水平,中俄之间 65% 的陆路运输和中蒙之间 95% 的货物运输都要通过内蒙古边境口岸。

我国提出西部大开发、振兴东北老工业基地等战略,重要的战略之一就是沿边开发开放,满洲里和二连浩特是目前国家重点开发和开放的试验区。《中国东北地区面向东北亚区域开放规划纲要(2012—2020 年)》把呼伦贝尔中俄合作试验区纳入为重要战略。这些周边区域的开放对于探索和深化内蒙古对外开放的路径具有重要的意义,有助于使内蒙古和蒙、俄之间的合作变成区域经济合作的典范。

### 3.1.2 "中蒙俄经济走廊"建设的政治基础

中蒙俄三国友好合作的历史可以追溯到中俄的"茶叶之路","茶叶之路"途经中国福建省、长江、黄河和中原腹地,最终抵达俄罗斯的中心地带,是继"丝绸之路"之后在欧亚大陆兴起的又一条国际贸易通道,其贸易额占到了当时贸易总额的 40% 左右,"茶叶之路"对沿途所经过的城市、乡村都具有重大的影响,促进了其在社会、经济和文化等各个方面的发展。

中蒙俄三国一直保持和睦友好的政治互信关系。近年来,在三国的共同努力下,中蒙俄三国的关系得到了稳步的发展与提升,发展中蒙俄的睦邻友好关系,对中蒙俄经济的不断发展及本地区乃至全世界的和平稳定有很大的促进作用。中蒙俄在经济、能源、投资等不同领域的合作不断加强,民间的交流合作也逐渐增多,三个国家的合作关系已经进入全新的发展阶段。我国历来高度重视与蒙俄的睦邻友好合作关系,中俄、中蒙战略合作伙伴关系的建立及俄罗斯加入 WTO 等,三个国家共同参与中国的"一带一路"建设,都为中蒙俄三国的合作带来了新的契机。

### 3.1.2.1 中俄"全面战略协作伙伴关系"

2008 年《中国东北地区同俄罗斯远东地区及东西伯利亚合作规划纲要》由中俄双方联合签订。以此为起点,两国全力推动在经贸、人文等各个领域的务实合作及加大在基础设施建设上的力度。面对中国提出的"一带一路"倡议,俄罗斯积极响应并全力支持,有意将俄罗斯的"欧亚经济联盟"与"一带一路"建设对接。2013 年,中俄将战略伙伴关系提升至"全面战略合作伙伴关系"。"中俄蒙经济走廊"建设这一具有战略性区域合作的主张,正是在双边友好合作关系下逐步衍生的。从历史上看,中俄两国的战略合作不是新生事物,而是长时间内地缘政治演化的成果。中俄双边协作领域广泛,包含了金融、政治、军事、经济等多个领域,有着多层次、多维度、多元化的长期合作。可以肯定的是,基于双方相近的观念与利益诉求,中俄友好伙伴关系会持续下去。目前,中俄稳定的战略协作关系已经发展到历史最好时期,"中蒙俄经济走廊"建设是战略协作关系稳固发展的成果。在两国的发展观念及共同利益的促进下,战略合作关系将为国际社会政治经济的多元化发展创造更大的可能性,合作的长久性会超过预期。

### 3.1.2.2 中蒙"全面战略伙伴关系"

从 2003 年开始,以基础设施建设、矿产资源开发等为重点内容的双边会晤在我国和蒙古国之间已经不定时地开展,两个国家的经济贸易关系发展密切,长期以来保持着友好合作关系。对于中蒙而言,最明智的就是努力实现多元化的双边关系。在 2008 年,两国政府签署了《中蒙经贸合作中期发展纲要》,该纲要成为两国经济贸易合作的重要支撑,在最近几年内极大地促进了两国在各个领域的合作与交流,成为两个国家经济贸易发展的里程碑。2014 年 8 月中国主席习近平访蒙时,便与蒙古国达成了强化安全、政治和经济贸易双边伙伴关系的协议,将两国关系上升成"全面战略伙伴关系",并在多个领域达成了共识,这跟蒙古国的军事外交战略十分相符。目前,中蒙两国已经是多年的战略伙伴关系,随着中蒙双方经贸合作的不断深入及蒙古国外交战略的逐步调整,中蒙两国政治互信逐年增加。蒙古国也认可并积极响应中国倡议的"一带一路"构想和建设"中蒙俄经济走廊"的规划,认为其对蒙古国实现"草原之路"的规划具有重大的意义,将"中蒙俄经济走廊"建设与"草原之路"的发展规划对接将会促进蒙古国经济快速发展。

### 3.1.3 "中蒙俄经济走廊"建设的政策基础

"中蒙俄经济走廊"是三国首脑共同制定的战略规划、国家官方报告,首脑讲话与政治声明是研究"中蒙俄经济走廊"建设和政策的权威资料和一手资料。基于此,本书在收集资料时参考了中国发展战略规划、国家领导人讲话、三个国家关于经济走廊建设的战略规划等资料。通过文献研究可以很好地判断中蒙俄三国政府对于共建经济走廊的重视程度,并且分析和研判在"中蒙俄经济走廊"建设过程中的重点和难点。中蒙两国在

2014 年 8 月份签署了《中华人民共和国和蒙古国关于建立和发展全面战略伙伴关系的联合宣言》,中蒙两国关系提升到"全面战略伙伴关系",两国要在各个领域加强交流与合作。习近平发表了题为《守望相助,共创中蒙关系发展新时代》的演讲,呼吁中蒙双方要永远做好邻居,在涉及主权、领土、安全等领域重大核心利益时要相互坚定支持,要从战略角度多为对方着想,在市场、技术、资源等多个领域加强合作,建立"互利共赢"的合作伙伴关系。中国国家发展改革委、外交部、商务部在 2015 年 3 月联合发表声明《推动共建丝绸之路经济带和 21 世纪海上丝绸之路的愿景与行动》,指出共建"一带一路"需要和欧亚非大陆及海洋实现互联互通,需要加强与沿线各个国家的合作伙伴关系,构建全方位、多层次的互联互通网络,进而实现各个沿线国家的自主、平衡、多元及可持续发展。2015 年 7 月份中蒙俄三国元首进行了第二次会晤,该会晤批准了《中华人民共和国、俄罗斯联邦、蒙古国发展三方合作中期路线图》,国家发改委在 2016 年 9 月份公布了《建设中蒙俄经济走廊规划纲要》,标志着第一个多边合作规划纲要在"一带一路"框架指导下正式启动。该纲要重点关注了三国七个领域的合作与交流,包含加强生态环保合作、深化经贸合作、加强产能与投资合作、基础设施发展及互联互通、加强口岸建设等。中俄两国在 2014 年 5 月发布《中华人民共和国与俄罗斯联邦关于全面战略协作伙伴关系新阶段的联合声明》,提出两国要提高各个机构和地方间的合作、加快全面务实合作、在人文交流民间交流中取得更大成果、在外交行动中进一步密切协调。这是继 2010 年两国签署《中国东北地区与俄罗斯远东及西伯利亚地区 2009—2018 年合作规划纲要》(以下简称《规划纲要》)后的又一重要成果,延续了尽快构建中俄两国基础设施互联互通的边界交通运输环境规划,进一步加强了在民间交往、旅游、环保、科技等诸多领域的合作。两国要通过建设大项目发挥示范和带动作用,通过建设一个大项目带动一批合作项目,形成一个通道促进一个地区的经济发展。2017 年 3 月 24 日,中俄蒙三国负责建设经济走廊的部门在北京召开会议,会议的内容是如何推进《规划纲要》的落实,并对一些重要的问题交换了意见,这次会议的召开为加快"中蒙俄经济走廊"建设、加速三方合作打下了良好的政策基础。

通过对三个国家官方文献的梳理与总结,中蒙俄三个国家政府都意识到加强合作交流是符合各自利益需求的,共同推动了三国在政治、经济、文化等领域的合作,在此基础上共同确定了"中蒙俄经济走廊"建设规划,从侧面体现了三方战略决策的高度契合。

### 3.1.4 "中蒙俄经济走廊"建设的经济基础

中蒙俄三个国家作为东北亚地区的重要国家,地理位置相互毗邻,彼此之间政治关系稳定密切,并且在经济贸易合作中的关系日益紧密。

#### 3.1.4.1 三国之间密切的经贸、投资合作

中华人民共和国成立之后,特别是自改革开放以来,随着三个国家基础交通设施的逐渐完善,铁路、公路等基础设施的不断建设,特别是天津通往圣彼得堡的国际联运铁路大动脉的建设为加强中蒙俄三个国家的交流及贸易往来提供了巨大的基础设施条件。中蒙俄发展联系紧密,该区域产业聚集、人口集中、基础设施完备、矿产资源丰富。目前,中国是蒙俄最大的贸易伙伴,蒙古国和俄罗斯的西伯利亚地区处于欧亚大陆腹地,人口稀少,工业发展落后,但是矿产资源非常丰富,被誉为"人类21世纪的自然资源宝库"。中俄之间的贸易、投资情况见表3－1、图3－1和图3－2,中蒙之间的贸易、投资情况见表3－2、图3－3和图3－4。

表3－1　　　　2008－2016年中国对俄罗斯直接投资流量、存量统计表　单位:万美元

| 年份 | 流量 | 流量总额 | 比重(%) | 存量 | 存量总额 | 比重(%) |
|---|---|---|---|---|---|---|
| 2008 | 39 523 | 5 590 717 | 0.7 | 183 828 | 18 397 071 | 1.0 |
| 2009 | 34 822 | 5 652 899 | 0.6 | 222 037 | 24 575 538 | 0.9 |
| 2010 | 56 772 | 6 881 131 | 0.8 | 278 756 | 31 721 059 | 0.9 |
| 2011 | 71 581 | 7 465 404 | 1.0 | 376 369 | 42 478 067 | 0.9 |
| 2012 | 78 462 | 8 780 353 | 0.9 | 488 849 | 53 194 098 | 0.9 |

续表

| 年份 | 流量 | 流量总额 | 比重(%) | 存量 | 存量总额 | 比重(%) |
|---|---|---|---|---|---|---|
| 2013 | 102 225 | 10 784 371 | 0.9 | 758 161 | 66 047 840 | 1.1 |
| 2014 | 63 356 | 12 311 986 | 0.5 | 869 463 | 88 264 242 | 1.0 |
| 2015 | 296 086 | 14 566 715 | 2.0 | 1 401 963 | 109 786 459 | 1.3 |
| 2016 | 129 300 | 19 615 000 | 0.7 | 1 298 000 | 135 739 000 | 1.0 |

资料来源:2008—2015年来自国家统计局官网,2016年取自中国直接对外投资公报。

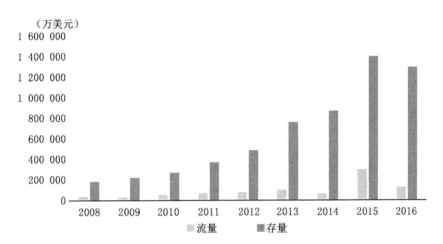

资料来源:2008—2015年来自国家统计局官网,2016年取自《中国直接对外投资公报》。

**图3-1 2008—2016年中国对俄罗斯直接投资流量、存量**

当前,中蒙俄经济合作正处于有史以来最好的时刻。中国有"丝绸之路经济带"、俄罗斯有"欧亚经济联盟"、蒙古国有"草原之路",而"中蒙俄经济走廊"是三个国家战略的契合点。三个国家具有稳定的经贸合作伙伴关系,中俄两国是蒙古国最主要的经济合作伙伴,这是由蒙古国的国家地理位置所决定的。中蒙俄三国地域相连,相互之间的贸易合作在很早之前就已经形成,边境地区经济贸易合作方面早已展开了不同程度的交流。三国的经济互补,各有所长,蒙俄的能源资源和中国的资金、技术能够满足彼此的重大需求。中蒙俄三个国家在双边、多边经济贸易合作关系中都出台了很多有利于区域合作的发展规划,为三个国家深化经济贸易合作提供了良好的政策环境。

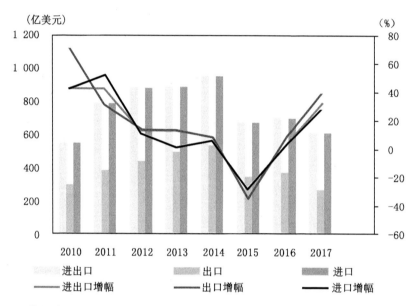

资料来源:根据中国海关统计数据整理。

图 3—2　2010—2017 年中俄双边贸易额统计

表 3—2　　　　　　　　　中国在蒙古国投资额统计　　　　　　单位:万美元

| 年份 | 中方 | 其他国家金额 | 比例(%) |
|---|---|---|---|
| 2003 | 4 692 | 20 537 | 22.85 |
| 2004 | 11 258 | 23 707 | 47.49 |
| 2005 | 23 582 | 31 175 | 75.64 |
| 2006 | 22 972 | 28 035 | 81.30 |
| 2007 | 17 201 | 21 556 | 79.80 |
| 2008 | 33 961 | 43 153 | 78.70 |
| 2009 | 49 780 | 60 486 | 82.30 |
| 2010 | 52 133 | 63 040 | 82.70 |

续表

| 年份 | 中方 | 其他国家金额 | 比例(%) |
|---|---|---|---|
| 2011 | 56 104 | 71 470 | 78.50 |
| 2012 | 42 729 | 58 606 | 72.91 |
| 2013 | 20 831 | 32 057 | 64.96 |
| 2014 | 15 396 | 23 402 | 65.79 |
| 2015 | 6 032 | 11 467 | 52.60 |

资料来源:根据蒙古国工商会数据统计。

目前在三个国家的共同努力下,中蒙俄在贸易、投资等领域合作发展十分迅速,中国分别是蒙俄两个国家的最大贸易合作伙伴,同时还是蒙古国的第一大投资合作伙伴,而俄罗斯是蒙古国仅次于中国的第二大贸易合作伙伴,目前三个国家都处于经济发展的重要阶段,中蒙俄三国在矿产开发、基础设施建设、能源运输等多个领域的经贸合作关系前景比较广阔。下面用贸易结合度指数来分析三国密切的经贸合作。

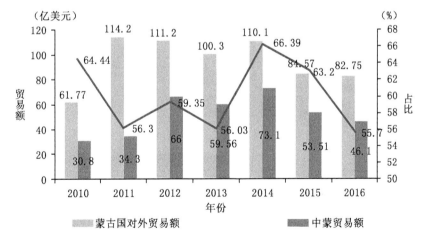

资料来源:根据《中国统计年鉴》(2010—2016 年)和《蒙古国统计年鉴》(2010—2016 年)整理所得。

图 3-3　2010—2016 年中蒙贸易额

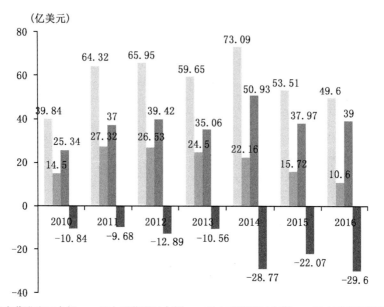

资料来源:根据《中国统计年鉴》(2010—2016年)和《蒙古国统计年鉴》(2010—2016年)整理所得。

**图3—4　2010—2016年中蒙贸易差额**

经济学家布朗(A. J. Brown,1947)最早提出了贸易结合度指数 TI (Trade Intensity)这一概念[1],后来小岛清(1958)等人进一步完善了这个概念,并指出了其统计学和经济学上的意义。TI 是指"一国对某贸易伙伴国的出口占该国出口总额的比重与该贸易伙伴国进口总额占世界进口总额比重的比例,是衡量不同国家之间贸易联系紧密程度的重要指标",贸易结合度的公式为:

$$TI_{ab} = (X_{ab}/X_a)/(M_b/M_w) \qquad (3-1)$$

式中,$TI_{ab}$ 表示 a 国对 b 国的贸易结合度,$X_{ab}$ 表示 a 国对 b 国的出口额,$X_a$ 表示 a 国出口总额,$M_b$ 表示 b 国进口总额,$M_W$ 表示世界进口

---

[1] A. J. Brown. *Applied Economics: Aspects of the World Economy in War and Peace*. London, G. Allen & Unwin, 1947.

总额。

贸易结合度可以衡量两个国家在贸易方面的相互依存关系,贸易结合度指数得分越高,则代表两个国家的贸易往来越紧密。如果 $TI_{ab}>1$,表明 a、b 两国在贸易方面的联系紧密;如果 $TI_{ab}<1$,表明 a、b 两国在贸易方面的联系松散。

本节数据来源主要是《蒙古国统计年鉴》(2003—2016 年)、《中国统计年鉴》(2003—2016 年)、联合国商品贸易统计数据库(UN COMTRADE),中蒙俄三国贸易结合度指数见表 3—3。

表 3—3　　　　　中国与俄罗斯、蒙古国的贸易结合度指数分析

| | 俄罗斯 | | 蒙古国 | |
| --- | --- | --- | --- | --- |
| | TI 中俄 | TI 俄中 | TI 中蒙 | TI 蒙中 |
| 2003 | 1.79 | 1.12 | 3.32 | 8.35 |
| 2004 | 1.85 | 0.9 | 3.51 | 8.74 |
| 2005 | 1.81 | 0.84 | 3.64 | 7.92 |
| 2006 | 1.41 | 0.79 | 3.58 | 11.19 |
| 2007 | 1.6 | 0.62 | 3.62 | 10.25 |
| 2008 | 1.37 | 0.63 | 3.09 | 8.4 |
| 2009 | 1.04 | 0.67 | 5 | 8.58 |
| 2010 | 1.21 | 0.53 | 3.84 | 10.45 |
| 2011 | 1.18 | 0.68 | 5.81 | 9.74 |
| 2012 | 1.18 | 0.65 | 4.18 | 7.52 |
| 2013 | 2.09 | 0.46 | 3.35 | 8.52 |
| 2014 | 2.05 | 0.69 | 5.45 | 9.28 |
| 2015 | 2.14 | 0.74 | 4.26 | 9.14 |
| 2016 | 2.01 | 0.62 | 4.15 | 8.97 |

资料来源:《蒙古国统计年鉴》《中国统计年鉴》《联合国商品贸易统计数据库(UN COMTRADE)》。

根据表 3—3,本章对从 2003 年到 2016 年共 14 年的中蒙、蒙中、中俄、俄中贸易结合度进行了有效计算与分析。在最近的 14 年内,中国对俄罗斯的贸易结合度指数都远大于 1,表明中国出口俄罗斯的产品贸易比重较高,同时俄罗斯对中国贸易结合度基本都小于 1,这是由中国较大的经济总体与全方位的对外开放政策所决定的,因此整体来说,中国产品同俄罗斯市场的联系相对来说更为紧密。相比之下,俄罗斯产品同中国市场的联系则没有那么紧密。根据最近 14 年的贸易结合度变化情况来看,中国作为出口国的中俄贸易结合度指数大体上呈现"浴盆曲线"的形状,在 2003 年到 2007 年我国产品出口俄罗斯的比重较大,而在 2008 年由于受金融危机的严重影响,从 2008 年到 2012 年之间中国出口到俄罗斯的份额较少,而在 2012 年之后又逐步恢复了较高的水平。数据结果表明到 2016 年,中国产品出口到俄罗斯的总量占俄罗斯当年进口总量的 20% 左右,而俄罗斯产品出口到中国的总量仅占中国当年进口量的 2% 左右,中俄两国之间的贸易结合度指数很好地反映了两个国家的双边贸易关系格局,中国出口对俄罗斯的依赖程度要远高于俄罗斯产品出口对中国的依赖程度,因此,全力发展中俄经贸关系对于提升俄罗斯对我国产品贸易出口比重,实现双边贸易协调发展具有重要的意义。

与中俄两国贸易结合度不同,中蒙两个国家的贸易结合度,无论是中国作为出口国还是蒙古国作为出口国,贸易结合度指数都远远高于 1,其中蒙古国作为出口国的贸易结合度要远远高于中蒙的贸易结合度,也就是说,蒙古国产品对中国市场的依赖程度要高于中国产品对蒙古国的依赖程度。然而从实际数值来看,在 2016 年中国出口蒙古国的贸易额占蒙古国全年进口额的 50% 左右,而蒙古国出口中国的贸易额占中国进口额的比例较少,与贸易结合度指数显示的蒙古国产品与中国市场的联系相对更加密集存在明显矛盾。原因主要是蒙古国的整体经济体量较小,经济结构过于单一,造成了较为畸形的对外贸易结构。

蒙俄的贸易源远流长。在苏联尚未解体之前,蒙俄已经形成蒙古国经济贸易对苏联依存度较高的状况。在苏联解体、世界经济格局发生天翻地覆的变化之后,蒙古国对俄罗斯贸易上的依赖逐渐弱化,一部分转移到了中国的身上,中国在十多年前超过俄罗斯成为蒙古国的第一大贸易伙伴。尽管这样,蒙俄间也存在着千丝万缕的贸易联系,俄罗斯依然是蒙古国重要的贸易对象,是其第二大贸易伙伴。蒙俄两国地理位置相邻,地域优势使得两国近年来在贸易上的合作规模不断扩大。近些年来,蒙俄的贸易又有回暖趋势。从贸易额上来看,就 2015 年而言,蒙对俄出口0.77 亿美元,进口 10.20 亿美元,贸易总额为 10.97 亿美元,是蒙古国对外贸易的 13%。从贸易结构上来看,蒙俄之间的贸易依然延续着以前的情况,以传统的资源产业为主。就 2016 年而言,矿产资源的贸易额相对于其他种类产品的贸易来讲有大幅度提升,例如煤炭,蒙对俄出口达到9.73 亿美元,比 2015 年同期上涨 75.0%。另外,蒙古国因为优质的牧场草场,拥有大量新鲜的肉类资源,这一点也将成为蒙俄之间贸易新兴的增长点。

### 3.1.4.2　中蒙俄三国比较优势和竞争优势分析

(1)分析指数和数据来源。RCA 指数(Revealed Comparative Advantage Index)是显性比较优势指数,由美国经济学家 Balassa 在 1965 年提出,在小岛清(Kojima,1968)和巴兰斯(Balance,1988)等人的理论推导和整理下进一步得到完善。RCA 指数具体是指:"一国某产品出口在世界该产品出口中的份额与该国所有产品的出口在世界所有产品出口中的份额的比率,可以用来衡量一个国家某个产业领域在国际市场中的地位和竞争力水平,进而能够有效地展现一个国家国内各个产业在国际进出口贸易中的地位。"[①]显性比较优势指数(RCA)的计算公式为:

$$RCA = (X_i/X_t)/(W_i/W_t) \tag{3-2}$$

式中,$X_i$ 表示一国某商品出口值;$X_t$ 表示一国商品出口总值;$W_i$ 表示世界某商品的出口值;$W_t$ 表示世界商品出口总值。

---

① B. Balassa. Trade Liberation and Revealed Competitive Advantage. *The Manchester School of Economic and Social Studies*,1965,33(2).

RAC 指数大小可以反映一个国家某一产业在参与国际贸易时的比较优势和相对竞争力。鉴于有关学者的研究成果,显性比较优势可以分为四个等级,即如果 RAC 指数大于 2.5 说明该产业具有极强的比较优势;RCA 指数介于 1.25 与 2.5 之间说明该产业的比较优势较强;RCA 介于 0.8 与 1.25 之间说明该产业的比较优势中等;RCA 指数小于 0.8,说明该产业的比较优势不显著[①]。

本节采用的数据来自联合国商品贸易统计数据库(UN COMTRADE)的原始数据,产品的分类是按照《联合国国际贸易标准分类》(第四次修订版)方法,把两国贸易商品分为十大类,对这些十大类产业进行优势比较。一般情况下,SITC0、SITC1、SITC2、SITC3、SITC4 为初级产品;SITC6 和 SITC8 为劳动密集型产品;SITC5、SITC7 和 SITC9 为资本或技术密集型产品。本节按照商品大类的划分方式,分别计算了中蒙俄三个国家各自出口产品的显性比较优势指数,计算结果如表 3—4 到表 3—6 所示。

(2)测算结果和比较分析。根据公式(3—2)测算出中蒙俄三国的显性比较优势指数如表 3—4 到表 3—6 所示。

**表 3—4    中国出口各个产业显性比较优势指数 RCA 计算结果**

| 分类 | SITC0 | SITC1 | SITC2 | SITC3 | SITC4 | SITC5 | SITC6 | SITC7 | SITC8 | SITC9 |
|------|-------|-------|-------|-------|-------|-------|-------|-------|-------|-------|
| 2006 | 0.554 | 0.14 | 0.24 | 0.13 | 0.10 | 0.45 | 1.29 | 1.26 | 2.23 | 0.06 |
| 2007 | 0.49 | 0.14 | 0.21 | 0.13 | 0.06 | 0.47 | 1.25 | 1.29 | 2.22 | 0.04 |
| 2008 | 0.43 | 0.14 | 0.22 | 0.13 | 0.07 | 0.53 | 1.34 | 1.37 | 2.28 | 0.03 |
| 2009 | 0.43 | 0.15 | 0.2 | 0.13 | 0.05 | 0.45 | 1.22 | 1.44 | 2.16 | 0.02 |
| 2010 | 0.45 | 0.15 | 0.18 | 0.13 | 0.05 | 0.5 | 1.22 | 1.44 | 2.19 | 0.02 |
| 2011 | 0.46 | 0.16 | 0.18 | 0.13 | 0.05 | 0.56 | 1.29 | 1.46 | 2.28 | 0.02 |
| 2012 | 0.42 | 0.16 | 0.17 | 0.13 | 0.05 | 0.51 | 1.3 | 1.41 | 2.32 | 0.01 |

---

[①] 芮明杰、富立友、陈晓静:《产业国际竞争力评价理论与方法》,复旦大学出版社 2010 年版。

续表

| 分类 | SITC0 | SITC1 | SITC2 | SITC3 | SITC4 | SITC5 | SITC6 | SITC7 | SITC8 | SITC9 |
|------|-------|-------|-------|-------|-------|-------|-------|-------|-------|-------|
| 2013 | 0.41 | 0.15 | 0.16 | 0.13 | 0.06 | 0.5 | 1.32 | 1.41 | 2.3 | 0.02 |
| 2014 | 0.38 | 0.14 | 0.16 | 0.13 | 0.1 | 0.5 | 1.26 | 1.25 | 2.01 | 0.02 |
| 2015 | 0.37 | 0.15 | 0.17 | 0.13 | 0.09 | 0.51 | 1.28 | 1.39 | 2.11 | 0.02 |
| 2016 | 0.35 | 0.14 | 0.16 | 0.13 | 0.08 | 0.5 | 1.27 | 1.24 | 2.05 | 0.02 |

资料来源:联合国商品贸易数据库。

表 3—5 　　　　俄罗斯出口各个产业显性比较优势指数 RCA 计算结果

| 分类 | SITC0 | SITC1 | SITC2 | SITC3 | SITC4 | SITC5 | SITC6 | SITC7 | SITC8 | SITC9 |
|------|-------|-------|-------|-------|-------|-------|-------|-------|-------|-------|
| 2006 | 0.25 | 0.23 | 1.14 | 4.48 | 0.37 | 0.37 | 1.08 | 0.10 | 0.06 | 2.13 |
| 2007 | 0.38 | 0.25 | 1.15 | 4.76 | 0.32 | 0.39 | 1.07 | 0.10 | 0.07 | 1.85 |
| 2008 | 0.26 | 0.25 | 1.01 | 3.98 | 0.31 | 0.46 | 0.88 | 0.10 | 0.06 | 1.75 |
| 2009 | 0.40 | 0.30 | 0.88 | 4.75 | 0.49 | 0.36 | 0.98 | 0.11 | 0.07 | 1.70 |
| 2010 | 0.27 | 0.19 | 0.76 | 4.65 | 0.27 | 0.36 | 0.86 | 0.08 | 0.05 | 2.00 |
| 2011 | 0.31 | 0.18 | 0.75 | 4.15 | 0.30 | 0.39 | 0.75 | 0.07 | 0.04 | 2.11 |
| 2012 | 0.41 | 0.28 | 0.75 | 4.53 | 0.64 | 0.43 | 0.87 | 0.11 | 0.08 | 0.72 |
| 2013 | 0.38 | 0.29 | 0.75 | 3.62 | 0.73 | 0.41 | 0.82 | 0.12 | 0.10 | 0.75 |
| 2014 | 0.37 | 0.25 | 0.78 | 3.98 | 0.71 | 0.42 | 0.79 | 0.11 | 0.08 | 0.90 |
| 2015 | 0.37 | 0.25 | 0.82 | 3.51 | 0.68 | 0.40 | 0.77 | 0.09 | 0.09 | 0.98 |
| 2016 | 0.35 | 0.28 | 0.76 | 3.49 | 0.70 | 0.40 | 0.78 | 0.10 | 0.07 | 1.01 |

资料来源:联合国商品贸易数据库。

表 3—6 　　　　蒙古国出口各个产业显性比较优势指数 RCA 计算结果

| 分类 | SITC0 | SITC1 | SITC2 | SITC3 | SITC4 | SITC5 | SITC6 | SITC7 | SITC8 | SITC9 |
|------|-------|-------|-------|-------|-------|-------|-------|-------|-------|-------|
| 2006 | 0.25 | 0.23 | 4.48 | 1.14 | 0.37 | 0.37 | 1.08 | 0.10 | 0.06 | 2.13 |
| 2007 | 0.38 | 0.25 | 4.76 | 1.15 | 0.32 | 0.39 | 1.07 | 0.10 | 0.07 | 1.85 |
| 2008 | 0.26 | 0.25 | 3.98 | 1.01 | 0.31 | 0.46 | 0.88 | 0.10 | 0.06 | 1.75 |
| 2009 | 0.40 | 0.30 | 4.75 | 1.88 | 0.49 | 0.36 | 0.98 | 0.11 | 0.07 | 1.70 |

续表

| 分类 | SITC0 | SITC1 | SITC2 | SITC3 | SITC4 | SITC5 | SITC6 | SITC7 | SITC8 | SITC9 |
|------|-------|-------|-------|-------|-------|-------|-------|-------|-------|-------|
| 2010 | 0.27 | 0.19 | 4.65 | 1.76 | 0.27 | 0.36 | 0.86 | 0.08 | 0.05 | 2.00 |
| 2011 | 0.31 | 0.18 | 4.15 | 1.65 | 0.30 | 0.39 | 0.75 | 0.07 | 0.04 | 2.11 |
| 2012 | 0.41 | 0.28 | 4.53 | 1.75 | 0.64 | 0.43 | 0.87 | 0.11 | 0.08 | 2.72 |
| 2013 | 0.38 | 0.29 | 3.62 | 1.45 | 0.73 | 0.41 | 0.82 | 0.12 | 0.10 | 2.75 |
| 2014 | 0.37 | 0.25 | 3.98 | 1.78 | 0.71 | 0.42 | 0.79 | 0.11 | 0.08 | 1.90 |
| 2015 | 0.37 | 0.25 | 3.51 | 1.82 | 0.68 | 0.40 | 0.77 | 0.09 | 0.09 | 1.98 |
| 2016 | 0.35 | 0.28 | 3.49 | 1.76 | 0.70 | 0.40 | 0.78 | 0.10 | 0.07 | 2.01 |

注：SITC0 为食品及活动物；SITC1 为饮料和烟类；SITC2 为非食用原料；SITC3 为矿物燃料和润滑油以及有关原料；SITC4 为动植物油脂及蜡；SITC5 为化学成品及有关产品；SITC6 为按原料分类的制成品；SITC7 为机械及运输设备；SITC8 为杂项制品；SITC9 为未分类的商品。

资料来源：联合国商品贸易数据库。

通过 RCA 指数的结果，可发现中蒙俄三国 2006 年至 2016 年在国际贸易中具有竞争力的产品类别。首先，中国出口产品中显性比较优势 RCA 指数较高的产品类别为 6—8 类，各年的显性比较优势均大于 0.8，其中第 6 类和第 7 类的 RCA 指数呈现逐年上升的趋势，目前已经超过了 1.25，达到了较强竞争优势的标准。2009 年受金融危机影响曾经出现短暂下滑，但是整体在国际竞争中仍处于具有较强竞争优势的地位。第 8 类产品历年的 RCA 指数均大于 2，主要包括服装类、控制仪器仪表类、家具类等产品，这同时客观地反映了我国不同产业的竞争力水平。中国出口产品中 0—4 类、第 5 类、第 9 类的显性比较优势指数较小，均小于 0.8，属于较弱等级。特别是第 0—4 类和第 9 类，RCA 指数目前呈现逐年下降的趋势，说明我国在这几类出口产品中的国际竞争力呈现了进一步弱化的趋势，这与我国日益增高的人工成本密切相关，同时也是我国经济结构转型的重要体现。

其次，俄罗斯不同产品出口竞争力水平的差别很大，对于俄罗斯来说,具有竞争优势的产品类别主要为第2、3、6、9类共四大类,分别是非食用原料、矿物及相关材料、材料分类制成品以及分类商品等。其中第2类非食用原料的RCA指数目前呈现出逐年下降的趋势,已经由原来中等比较优势下降到了竞争优势较弱的状态,而第3类的产品竞争优势较为显著,各年的RCA指数均远远大于2.5,处于极强的竞争优势地位,其中主要包括的产品分别为石油、石油产品及副产品、煤炭、天然气等,这进一步表明能源产业是俄罗斯经济的重要支撑。第6类材料分类的制成品RCA指数同样目前呈现出逐年下降的趋势,说明俄罗斯该产业的国际竞争力正在下滑,第9类商品含有武器、弹药等军工产品,作为世界上传统的军事大国,俄罗斯的军事技术较为先进,竞争力水平强劲,然而随着近几年欧美对俄罗斯的制裁,俄罗斯军工产品的出口呈现了一定的下降趋势。此外,第0、1、4、5、7、8类的出口竞争力表现为较弱,特别是以劳动密集型产品为主的第8类,处于明显的劣势状态,这是由俄罗斯地广人稀、劳动密集类产业较弱的国家现实所决定的。

最后,从蒙古国各大类产品出口显性比较优势RCA指数计算结果来看,第2类非食用原料是具有比较优势的,同时在当前国际中具有极强的比较优势,第3类和第9类具有相对优势地位,其余的各大类产品都处于较大劣势。蒙古国出口产品中目前以金属矿砂为主,第9类杂项制品中金的出口量迅速上升,这是由于蒙古国矿产资源比较丰富,并加大黄金的开采量和出口量,矿产资源出口是蒙古国对外出口的重要支撑与支柱性产业,蒙古国的出口结构目前还较为初级和单一。

### 3.1.4.3 三国之间经济结构互补的需要

中蒙俄合作关系的稳定性表现为经济结构的互补性。中蒙俄三个国家在资源、技术等多个领域各有优劣,经济结构存在着很大的互补性,加强彼此之间的经济合作能够满足三方各自的发展需求,这为三个国家的合作发展提供了很好的保障。下面用贸易互补性指数分析中蒙俄三国贸易互补性。

贸易互补性指数TCI(Trade Conplementarity Index)是"用来衡量不

同国家之间贸易互补程度和发展潜力的重要指标,主要是以一个国家某种产业的出口比较优势乘以一个国家该产品进口的比较劣势得到的"。该指标由经济学家 P. Drysdale 在 1967 年提出,主要公式为:

$$TCI_{ij} = \sum \left[ (RCA_{xik} \times RCA_{mjk}) \right] \times (W_k/W) \qquad (3-3)$$

式中,$TCI_{ij}$ 代表当 $i$ 国为出口国,$j$ 国为进口国时,两个国家在产品 $k$ 上的贸易互补性指数大小;$RCA_{xik}$ 表示用出口来衡量的国家 $i$ 在产品 $k$ 上的比较优势;$RCA_{mjk}$ 表示用进口来衡量的国家 $j$ 在产品 $k$ 上的比较优势;$W_k$ 表示 $k$ 类产品的各国国际贸易总额;$W$ 表示世界所有产品的贸易额。

当两个国家存在多类产品的贸易往来时,还可以把各个产业的贸易互补性指数进行加权平均,进而计算出两个国家的综合贸易互补性指数 $TCI_{ij}$,该指数越大,代表两个国家在该类产品相对应的进出口贸易中的互补性越高,反之则越低。当 $TCI_{ij}>1$ 时,说明以 $i$ 国为出口国,$j$ 国为进口国的两国总体贸易互补性较强,相反,如果 $TCI_{ij}<1$ 时,则说明以 $i$ 国为出口国,以 $j$ 国为进口国的两个国家贸易总体互补性较弱。中蒙俄三国的贸易互补性指数如表 3—7 至表 3—10 所示。

表 3—7　　　　　以中国为出口国的中俄贸易互补性指数计算结果

| 分类 | SITC0 | SITC1 | SITC2 | SITC3 | SITC4 | SITC5 | SITC6 | SITC7 | SITC8 | SITC9 |
|------|-------|-------|-------|-------|-------|-------|-------|-------|-------|-------|
| 2006 | 1.30 | 0.36 | 0.22 | 0.01 | 0.15 | 0.53 | 1.15 | 1.43 | 1.57 | 0.10 |
| 2007 | 0.98 | 0.30 | 0.17 | 0.01 | 0.07 | 0.46 | 1.10 | 1.60 | 1.78 | 0.05 |
| 2008 | 0.78 | 0.27 | 0.19 | 0.01 | 0.09 | 0.52 | 1.14 | 1.92 | 2.00 | 0.03 |
| 2009 | 0.91 | 0.30 | 0.17 | 0.01 | 0.09 | 0.52 | 1.12 | 1.57 | 1.92 | 0.03 |
| 2010 | 0.91 | 0.30 | 0.09 | 0.01 | 0.06 | 0.57 | 1.11 | 1.64 | 2.22 | 0.03 |
| 2011 | 0.79 | 0.27 | 0.09 | 0.01 | 0.05 | 0.60 | 1.14 | 1.88 | 2.16 | 0.04 |
| 2012 | 0.71 | 0.28 | 0.11 | 0.01 | 0.04 | 0.57 | 1.33 | 1.96 | 2.43 | 0 |
| 2013 | 0.81 | 0.28 | 0.10 | 0.01 | 0.05 | 0.59 | 1.34 | 1.91 | 2.48 | 0.02 |
| 2014 | 0.77 | 0.29 | 0.09 | 0.01 | 0.05 | 0.57 | 1.35 | 1.95 | 2.49 | 0.01 |

续表

| 分类 | SITC0 | SITC1 | SITC2 | SITC3 | SITC4 | SITC5 | SITC6 | SITC7 | SITC8 | SITC9 |
|------|-------|-------|-------|-------|-------|-------|-------|-------|-------|-------|
| 2015 | 0.85 | 0.27 | 0.11 | 0.01 | 0.06 | 0.58 | 1.41 | 2.01 | 2.41 | 0.01 |
| 2016 | 0.82 | 0.29 | 0.09 | 0.01 | 0.06 | 0.61 | 1.12 | 2.06 | 2.57 | 0.01 |

资料来源:根据 UNCTAD DATABASE 数据整理计算而得。

**表 3—8    以俄罗斯为出口国的俄中贸易互补性指数计算结果**

| 分类 | SITC0 | SITC1 | SITC2 | SITC3 | SITC4 | SITC5 | SITC6 | SITC7 | SITC8 | SITC9 |
|------|-------|-------|-------|-------|-------|-------|-------|-------|-------|-------|
| 2006 | 0.06 | 0.04 | 3.56 | 3.59 | 0.50 | 0.40 | 0.85 | 0.12 | 0.05 | 0.14 |
| 2007 | 0.09 | 0.05 | 3.98 | 4.06 | 0.55 | 0.42 | 0.80 | 0.12 | 0.06 | 0.11 |
| 2008 | 0.06 | 0.06 | 4.18 | 3.60 | 0.51 | 0.46 | 0.61 | 0.11 | 0.05 | 0.15 |
| 2009 | 0.09 | 0.06 | 3.67 | 4.41 | 0.71 | 0.35 | 0.83 | 0.13 | 0.05 | 0.09 |
| 2010 | 0.07 | 0.04 | 2.82 | 4.46 | 0.32 | 0.35 | 0.63 | 0.09 | 0.04 | 0.49 |
| 2011 | 0.09 | 0.05 | 2.78 | 4.07 | 0.31 | 0.37 | 0.49 | 0.08 | 0.03 | 1.17 |
| 2012 | 0.13 | 0.09 | 2.65 | 5.03 | 0.74 | 0.39 | 0.55 | 0.11 | 0.05 | 0.58 |
| 2013 | 0.14 | 0.08 | 2.77 | 5.11 | 0.69 | 0.41 | 0.52 | 0.09 | 0.04 | 0.61 |
| 2014 | 0.16 | 0.07 | 2.81 | 5.12 | 0.74 | 0.43 | 0.57 | 0.12 | 0.05 | 0.63 |
| 2015 | 0.17 | 0.08 | 2.84 | 5.14 | 0.78 | 0.42 | 0.55 | 0.10 | 0.04 | 0.66 |
| 2016 | 0.16 | 0.09 | 2.71 | 5.17 | 0.79 | 0.45 | 0.49 | 0.09 | 0.05 | 0.65 |

资料来源:根据 UNCTAD DATABASE 数据整理计算而得。

**表 3—9    以中国为出口国的中蒙贸易互补性指数计算结果**

| 分类 | SITC0 | SITC1 | SITC2 | SITC3 | SITC4 | SITC5 | SITC6 | SITC7 | SITC8 | SITC9 |
|------|-------|-------|-------|-------|-------|-------|-------|-------|-------|-------|
| 2006 | 1.05 | 0.39 | 0.05 | 0.27 | 0.17 | 0.24 | 1.38 | 0.96 | 1.89 | 0.87 |
| 2007 | 0.88 | 0.36 | 0.03 | 0.25 | 0.08 | 0.26 | 1.34 | 1.03 | 2.02 | 0.90 |
| 2008 | 1.12 | 0.35 | 0.03 | 0.30 | 0.11 | 0.25 | 1.35 | 1.00 | 2.05 | 0.91 |
| 2009 | 1.36 | 0.40 | 0.05 | 0.40 | 0.11 | 0.19 | 1.41 | 1.06 | 2.07 | 0.94 |
| 2010 | 0.97 | 0.31 | 0.04 | 0.29 | 0.14 | 0.21 | 1.33 | 1.09 | 2.14 | 0.96 |
| 2011 | 0.91 | 0.32 | 0.06 | 0.34 | 0.13 | 0.18 | 1.25 | 1.15 | 2.15 | 0.94 |

续表

| 分类 | SITC0 | SITC1 | SITC2 | SITC3 | SITC4 | SITC5 | SITC6 | SITC7 | SITC8 | SITC9 |
|------|-------|-------|-------|-------|-------|-------|-------|-------|-------|-------|
| 2012 | 1.12 | 0.35 | 0.03 | 0.30 | 0.11 | 0.25 | 1.35 | 1.00 | 2.05 | 0.92 |
| 2013 | 1.36 | 0.40 | 0.05 | 0.40 | 0.11 | 0.19 | 1.41 | 1.06 | 2.07 | 0.93 |
| 2014 | 0.97 | 0.31 | 0.04 | 0.29 | 0.14 | 0.21 | 1.33 | 1.09 | 2.14 | 0.94 |
| 2015 | 0.91 | 0.32 | 0.06 | 0.34 | 0.13 | 0.18 | 1.25 | 1.15 | 2.15 | 0.96 |
| 2016 | 0.88 | 0.36 | 0.03 | 0.25 | 0.08 | 0.26 | 1.34 | 1.03 | 2.02 | 0.91 |

资料来源:根据 UNCTAD DATABASE 数据整理计算而得。

**表 3—10　　　　以蒙古国为出口国的蒙中贸易互补指数计算结果**

| 分类 | SITC0 | SITC1 | SITC2 | SITC3 | SITC4 | SITC5 | SITC6 | SITC7 | SITC8 | SITC9 |
|------|-------|-------|-------|-------|-------|-------|-------|-------|-------|-------|
| 2006 | 0.09 | 0.01 | 59.93 | 1.26 | 0.01 | 0.01 | 0.24 | 0.04 | 0.45 | 1.30 |
| 2007 | 0.07 | 0 | 69.88 | 1.60 | 0.01 | 0.01 | 0.19 | 0.03 | 0.10 | 1.17 |
| 2008 | 0.07 | 0 | 71.33 | 1.45 | 0.01 | 0.01 | 0.17 | 0.04 | 0.24 | 1.15 |
| 2009 | 0.10 | 0.01 | 75.21 | 1.44 | 0.01 | 0.01 | 0.15 | 0.02 | 0.29 | 1.14 |
| 2010 | 0.08 | 0.01 | 77.36 | 1.28 | 0.01 | 0.01 | 0.15 | 0.03 | 0.21 | 1.21 |
| 2011 | 0.11 | 0 | 81.49 | 2.67. | 0.01 | 0.01 | 0.11 | 0.02 | 0.28 | 1.25 |
| 2012 | 0.10 | 0.01 | 85.17 | 1.40 | 0.01 | 0.01 | 0.09 | 0.02 | 0.27 | 1.31 |
| 2013 | 0.09 | 0.01 | 86.00 | 1.16 | 0.01 | 0.01 | 0.08 | 0.02 | 0.31 | 1.05 |
| 2014 | 0.08 | 0.01 | 80.00 | 1.08 | 0.01 | 0.01 | 0.11 | 0.02 | 0.33 | 1.16 |
| 2015 | 0.07 | 0.01 | 89.00 | 1.25 | 0.01 | 0.01 | 0.16 | 0.01 | 0.39 | 1.11 |
| 2016 | 0.09 | 0.01 | 89.00 | 1.32 | 0.01 | 0.01 | 0.18 | 0.02 | 0.20 | 1.12 |

资料来源:根据 UNCTAD DATABASE 数据整理计算而得。

(1)根据以中国为出口国计算的中俄贸易互补性指数,在第6、7、8类上的互补性较强,且目前呈现出逐年稳步增强的趋势,第6、7、8类中主要包含了中国多个优势产业项目。而在0—5类以及第9类中俄两个国家的贸易互补性较低,其中0—4类的互补性指数呈现出了明显下降的趋势,从综合指标上分析,以中国为出口国的中俄贸易互补性指数比较稳定,而且有上升趋势,除了短暂的几年小于1之外,其余年份均大于1,而且中俄两国的互补性指数呈现了稳步上升的趋势,说明中俄两国贸易互补性正在逐年加强。此外,根据以俄罗斯作为出口国计算的俄中 TCI 结果得出,俄中在第 2、3 类贸易互补性较为显著,这与俄罗斯丰富的矿产资源以及我国经济发展对资源的巨大需求具有密切的关联,非常符合俄中两个国家的贸易形势。

(2)从以中国为出口国的中蒙 TCI 来看,中蒙在第 6、7、8 类三大类产业中互补性较好,其中第 6 和 8 类存在较强的互补性,特别是第 8 类产业互补性在稳步的增强。该现象主要原因是随着蒙古国经济不断发展,居民生活水平提高,对中国劳动密集型生活必需品的需求也变得越来越多。相反,以蒙古国为出口国的 TCI 表明蒙中在第 2、3、9 大类产品中存在着很大的互补性,但其他产业互补性并不明显,大部分还呈现出逐年下降的趋势。从中蒙两国综合 TCI 来看,由于蒙古国国内经济体量有限,消费能力较弱,中国优势产业在蒙古国市场发挥作用比较困难,以中国为出口国的中蒙 TCI 虽然相对偏低,但大部分在 0.8 以上,然而以蒙古国为出口国的蒙中 TCI 则随着时间推移正在逐年加强,中蒙产业结构存在天然的互补性。

(3)"中蒙俄经济走廊"具有经济互补特征。从劳动力角度来看,俄罗斯地广人稀,人口的出生率比死亡率还低,人口总数不断下降,劳动力严重匮乏;而在东北亚,蒙古国的人口出生率居于首位,死亡率也不高,所以劳动力十分充足;对于我国而言,人口居于世界第一,拥有丰富的劳动力资源。从技术角度来看,在军事技术及基础研究领域,俄罗斯都是世界先进国家,而在计算机技术与数字技术领域,却居于世界较低水平;我国在农作物转基因技术、核技术以及空间技术领域水平较高,而总体实力尚需提升;蒙古国技术水平不高,必须引入其他国家的先进技术来推动经济发展。从资源角度来看,我国东北三省和内蒙古三市一盟资源丰富,如石灰石、金刚石、石墨、高岭土、煤炭、菱镁矿和铁矿等资源,也是国内重点粮食产地;在蒙古国,则储备了大量的金、银、铜、石油、铁、煤、磷等自然资源;俄罗斯矿产资源也十分富足,还具备很多煤炭、天然气和石油等,森林覆盖面积广阔。此外,我国作为俄罗斯天然气资源最大的进口国,未来两国还会建设西伯利亚天然气跨境管道,管道全长4 000多公里,总体建设包括两大阶段;俄罗斯同时也在计划建设贯穿蒙古国通往中国的天然气管道,据蒙古国预测,如果俄罗斯建设该管道时不经由蒙古国,全程会有4 000多公里,而经由蒙古国之后,全程即可缩短至1 500公里左右。这条贯穿中俄蒙的天然气跨国管道一旦竣工,借助三方地缘关系优势,会大大促进蒙古国经济增长,也会让蒙古国向外出口更多能源,如煤炭等。因此,蒙古国也在积极地为俄方提供建议,即共同建设这一宏伟项目,期望把自己的"草原丝绸之路"建设项目和中国的"一带一路"建设相结合,共同完成"中俄蒙经济走廊"项目的建设。

## 3.2 "中蒙俄经济走廊"建设存在的问题

尽管"中蒙俄经济走廊"建设的现实基础比较充分,但也存在着一些问题阻碍"中蒙俄经济走廊"的建设。

### 3.2.1 具体建设推进政策尚不明确

尽管中蒙关系已经上升为"全面战略伙伴关系",中俄关系上升到"战略协作伙伴关系",但目前更多的还只是一些初步的想法,并没有实质性的建设,具体的推进政策仍然含混不清。中蒙俄三国政府在进出口商品的管理、技术性贸易壁垒设限、通关、查验等方面的政策上,存在不尽相同的说法,这对三国经贸的快速发展设置了障碍,而且合作的关系和合作的模式也没有具体的相关内容和配套政策,这对于推进"中蒙俄经济走廊"建设进入深耕细作的新阶段,提升贸易和投资便利化水平,落实三方在贸易畅通方面的更深层次发展形成了一种障碍,亟待尽快协商解决。

### 3.2.2 俄蒙两国基础设施相对落后

(1)蒙古国基础设施落后。蒙古国的基础设施建设相对较为落后,

《2016—2017 年全球竞争力报告》是世界经济论坛发布的权威报道,根据其数据调研结果表明:"蒙古国基础设施建设与生产技术条件较为落后,在参与全球竞争力的 138 个经济体中,蒙古国的总体竞争力处于较低水平,为第 102 位,国家互联互通基础设施与之对应,在全球排名第 102 位。在各项工程建设质量分类排名中都比较靠后,其中道路排名第 109 位,而铁路排名第 69 位,另外港口基础设施排名第 137 位,航空建设排名第 124 位。"在经济方面蒙古国发展一直比较缓慢,这直接导致了交通设施软硬件的落后,而其落后的基础设施又制约了国家经济的发展。由于蒙古国人口稀少,在蒙古国的基础设施建设投资高而回收难,导致企业不愿意向这方面投资建设。而当地政府在基建方面确实没有足够资金来源。因此目前蒙古国的基础设施建设依旧处于起步阶段,其中很多基础设施的建设还是苏联时代留下的"遗物",蒙古国基础设施建设落后的现状难以有效支撑经济发展。如蒙古国的铁路线路仅有两条,运力严重不足,机车老化导致线路速度缓慢,货品缺失而口岸的换货能力也较为有限。公路建设也非常落后,其中国家级的公路总里程大概在 11 218 公里,其中仅有五分之一为柏油路面①。蒙古国现在农、矿产品在海外市场发展的最大阻碍就是运输费用高和运输效率低。随着国际贸易的扩张,基础设施落后的问题变得更加突出。

(2)俄罗斯基础设施落后。根据世界经济论坛发布的《2016—2017 年全球竞争力报告》的数据,"俄罗斯整体竞争力排名 43 位,其中互联互通基础设施建设整体排名世界第 74 位,分类排名当中,铁路基础设施情况居第 25 位,公路建设居第 123 位,港口基础设施建设居第 72 位,航空基础设施质量居第 65 位,电力供应居第 62 位。"交通基础设施促进了世界经贸的发展,俄罗斯和蒙古国虽然与我国相连,但因为本国具体国情和开放度较低的原因,蒙俄两国边境地区的交通设施发展仍然比较落后。俄罗斯在东部地区所投入的建设资本比较薄弱,仅仅有西伯利亚铁路和

---

① 来源:中国商务部:《2015 年国别投资指南——蒙古国篇》(http://mn. mofcom. gov. cn/article/ztdy/201512/20151201200492. shtml)。

贝加尔—阿穆尔铁路,可运营总里程却只有 8 475 公里,年运输能力只有 6 000 万吨左右,而该地区公路货运量约为 1.5 亿吨。原因是铁路轨道标准的不同,俄罗斯使用了独联体国家所使用的 1 520 毫米,中国使用国际通行标准的 1 435 毫米,因此在列车经过中蒙俄和一些欧洲国家时需花费大量的时间进行列车或列车底盘的更换,俄罗斯国内对于轨道建设使用哪种轨距的讨论持续了多年,直到 2014 年才尘埃落定。2014 年 4 月 26 日俄罗斯媒体报道称俄罗斯境内将首度出现"中国轨距的铁路",而并非俄罗斯的宽轨,为中国企业进入俄罗斯提供了便利。虽然铁路标准在局部地区得到了一定的统一,但标准的实施却难以得到进行,三国交通命脉的建设遥遥无期。因此,加强与蒙俄两国基础设施建设规划、质量技术体系对接,促进政策、规则、标准三位一体的联通是当务之急。中蒙俄基础设施现状如表 3—11 所示。

表 3—11　　　　　　　　　　中蒙俄基础设施现状

| | 中国 | 蒙古国 | 俄罗斯 |
|---|---|---|---|
| 铁路总里程数<br>(公里) | 66 989.00 | 1 818.00 | 85 266.00 |
| 铁路货运量<br>(百万吨/公里) | 2 308 669.00 | 11 418.00 | 2 298 564.00 |
| 航空货运量<br>(百万吨/公里) | 17 822.58 | 8.418 | 4 413.56 |
| 航空客运量(人) | 390 878 784.00 | 683 255.19 | 72 189 961.00 |
| 每百人拥有<br>电话线路数 | 17.90 | 7.92 | 27.67 |
| 安全互联网服务器<br>(百万人) | 7.038 | 28.523 | 84.418 |
| 固定宽带互联网用户<br>(百人) | 13.634 | 6.845 | 17.453 |
| 港口基础设施的质量<br>(7 分为发达高效) | 4.6 | 1.7 | 3.9 |
| 2013 货柜码头吞吐量<br>(20 英尺当量单位) | 174 080 330.31 | 暂无 | 3 968 186.03 |

资料来源:"一带一路"大数据综合服务门户。

### 3.2.3 三国边境口岸建设缓慢

现代口岸的概念已经不再是之前那种浅层次的客货进出通道的理解，而是人流、物流与信息流三者合一，含有货物、存储、购物、电商、展销、金融等第三产业高度密集且发达的经济地域。加强口岸建设与开发的力度不仅可以维护与周边国家的友好关系，而且还能够带动口岸周边城市的经济发展，这对我国全面提高开放型经济水平来说有着重要意义。但是一些地方政府在发展当地区域经济时忽略了口岸开发与建设项目，口岸设施建设不健全、不完善，口岸水平较为落后，这些现象都对我国口岸建设发展起到阻碍作用。有的口岸规模较小，自口岸开放后就没有继续建设与发展，最终会由于口岸无法满足相关需求而被迫关闭。另外，口岸建设需要大量的资金支持，投资渠道较少，前期基础设施投入欠账过多，口岸检查业务量不断增多，客货运量一直呈现不断上涨的趋势，但是海关相关机构在人力资源配置方面一直得不到满足，这些现象都对我国口岸建设发展起到负面影响。

中蒙俄三国口岸的基础建设速度较慢，基础硬件较为落后，致使通关效率与工作效率大打折扣。比如，自乌兰巴托开始沿途一直到扎门乌德的运输能力只有 1 600 万吨，运输机车与车皮数量明显不够。自二连浩特公路口岸出口到蒙古国的货物在运输选择上较为局限，仅能由扎门乌德口岸转为铁路运输，不仅加大了运输成本，而且延长了运输时间，对出口增长有很大的负面影响。因蒙俄口岸之间通关效率太低，蒙古国过境费普遍较高、运输周期不断延长等原因影响，俄罗斯到二连浩特的货运机车不断减少，两国外贸呈现不断下降的趋势。这种交通运输不利的情况，更是把口岸运行与发展带入了困境，造成进出口通关不顺畅、过境运输能力低下的艰难局面，外贸增长率不断降低，使其在短期内无法实现突破性的进展或转型。中俄两国在经贸关系方面一直坚持长久稳定、和谐共赢的原则，但是就两地口岸基础设施建设与发展方面，俄方一直处于滞后状态。通过以上所述可知,口岸建设力度不强的问题不仅是中国普遍存在,而且是俄罗斯与蒙古国确实不同程度存在。三国政府应该互相建立基础设施互联互通的合作机制,加强已开放口岸基础建设的投放力度,保证口岸能够持续稳定发展。

### 3.2.4 中蒙俄产业合作水平较低

从"中蒙俄经济走廊"建设的贸易基础可知,中国、蒙古国、俄罗斯三国在经济结构方面互补性很强。在美苏世界争霸期间,苏联主要注重对军事工业等重工业的发展,这也是致使俄罗斯重工业相对发达,而轻工业比较落后的原因。和我国相比,重工业相对来说发展速度一般,但轻工业以及第三产业发展速度较快。另外,我国是人口资源大国,经济发展速度过快可能会带来一系列负面生态环境影响,比如可用能源、资源不断减少。但是俄罗斯与蒙古国两国的能源与资源相对较多,特别是蒙古国,我国一直视其为能源大国。我国就其他两国而言最大的优势就是国际市场的占有率、便利的国际交通枢纽以及雄厚的资金等,所以,唯有三方合作,才能共同发展。三国可以就产能、旅游以及农林牧副渔等产业展开交流合作。但就这些产业对接来说,单一区域来看则存在诸多的问题。拿重工业来说,我国轻工业虽然相对发达,但是我国东北区域,作为老工业基地的核心区域还是比较偏向于重工业的发展,同时东北地区又与俄罗斯较近,贸易频率较高。因地理位置比较特殊,中俄两国的边境贸易都是在此开展。当前,我国东北地区如何加快经济结构的转型以及如何对产业结构进行有效调整成为首要问题。此外,就蒙古国与俄罗斯而言,我国在资金方面即使占据了很大优势,蒙古国与俄罗斯两国可以通过制定各种有利引资政策来吸引我国资金不断投入。但是,俄罗斯以及蒙古国相关地区同我国西部地区发展相似程度较高,我国相关专家提出,中国对蒙俄两国基础设施投资仅是在经济层面考虑,而忽略了战略层面,对蒙俄两国如此巨大的资金投入还不如针对我国西部地区的开发建设获取的回报更多。另外,在经贸合作方面也有着很多的不足和弊端,比如蒙古国虽然地大物博、资源众多,但是开采技术不发达,其石油以及天然气无论在开采数量方面还是质量方面都很难满足我国对资源的需求。

### 3.2.5 经济贸易规模小且结构和方式比较单一

第一,中俄蒙三个国家在边境贸易规模上比较小,而且参与主体大多是中小型企业。即便三国在贸易方面频繁程度较高,但是其贸易开展区域主要在蒙古国,蒙古国经济不发达,其贸易硬件基础较为落后,参与方多为中型或小型企业,整体规模较散,所以三国在进行边境贸易合作中应当扩展经贸区域。同时,应当积极鼓励三国大型企业加入经贸活动中。但是就目前来分析,蒙古国整体区域经济发展较慢,中俄大型企业无论是在科技上还是消费市场上,都不看好蒙古国,以致大多数发达国家对其采取怀疑态度。尤其是电子机械类产品,各国对蒙古国出口规模较小,这些方面都是限制蒙古国经济发展的主要原因。

第二,三个国家就贸易出口产品来说结构比较单一,而且存在很多问题,特别是在中国和蒙古国的贸易活动中。近几年,由于我国与蒙古国就经济体量来说差异性过大,蒙古国经济不发达,基础设施不健全以及能源矿产丰富等因素的影响,我国与俄罗斯对其购进的大多是矿产品和木材等初级商品,从生态角度来考虑,这样不利于蒙古国的资源循环利用。同时,蒙古国大众生活水平不高,我国卖给蒙古国的大多是生活用品类货物,比如服装、电气等,产品附加值较低,品种过于单一。在消费层次中属于低档至中档以下的级别,没有多样性,商品种类更新速度较慢等。其实这种一直出口低端商品的现象也有蒙古国自身的原因,因为蒙古国在消费能力上较弱,作为中国与俄罗斯对其出口高端产品也不会获得很高的收益,只能是投其所好,实施"薄利多销"的营销策略。另外,由于长期以来中俄两边的贸易结构处于传统结构层面,导致双方虽然经济互补性较强,但是两边的贸易额增长十分缓慢,即贸易互补性没有促进两国贸易额的快速增长。2010年,俄罗斯对华出口的主要产品是化工产品、矿产品、木制品,这三类产品的出口总额占俄罗斯对华出口总额的77.5%。2017

年1月至9月,俄罗斯对华出口的主要产品仍是矿产品、木材及制品,两种商品占其对华出口的81.5%。俄对华出口变动较大的是机电产品取代了化工产品。俄罗斯从中国进口的主要商品有鞋靴、伞等轻工产品、家具玩具制品。其中,运输设备、基础金属和产品以及机电产品的进口增长了一倍多或几乎翻了一番。

### 3.2.6 中国对蒙俄投资规模小且有一定风险

本节主要从中俄和中蒙两个方面介绍中蒙俄投资方面存在的问题。

#### 3.2.6.1 中俄两国之间投资存在的问题

虽然中俄经济交往日益频繁,但从目前情况来看,两国的双边投资发展非常悲观,规模非常有限。中国对俄投资的领域主要有能源、矿产资源开发、林业、农业、机电、轻工等;而俄罗斯在中国的投资更低,仅为2.29亿美元,主要是制造业和建筑业。虽然两国的贸易合作越来越紧密,但投资状况与贸易关系极不相称。目前中俄两国之间投资存在的问题主要有以下几个方面:

(1)投资规模较小。中俄两国的相互投资规模目前还处于起步阶段。近几年随着两国政府的大力扶持,根据表3-1,虽然两个国家相互间的直接投资规模增长速度有了较快的发展,但是同两个国家贸易额相比,两国的相互投资规模还处于较小阶段。如2015年,中俄直接投资规模达到29.6亿美元,这是中俄历史上最大规模的投资,但也仅仅只是中国对外直接投资总额的一小部分,规模还很小,值得一提的是,中国对俄罗斯的净直接投资份额当前正处于下降阶段。可以看出,中国对俄直接投资的规模目前与两国之间的经贸、政治关系很不和谐。

(2)投资领域主要是低技术领域。根据表3-12可以看出中国对俄直接投资的主要领域是低技术领域,主要包含农牧业和零售业等低端产业,如农林牧渔业等。这种投资仅限于自然资源采矿和加工业以及低技术产业,不符合中俄两国的长期利益和战略方向,即优化升级两国的产业结构,这将不可避免地长期限制中国对俄罗斯投资的发展,但是中国经济的发展对资源的需求增加,是中国对俄罗斯的直接投资主要分布在林业、制造业和采矿业等的根本原因。同时我国对俄罗斯科技研究和技术服务等高科技领域的投资比例过低。

**表 3-12**        **2016 年中国对俄罗斯直接投资主要行业**     单位:万美元

| 行业 | 流量 | 比重(%) | 存量 | 比重(%) |
|---|---|---|---|---|
| 采矿业 | 54 238 | 41.9 | 618 186 | 47.6 |
| 农林牧渔业 | 43 276 | 33.5 | 300 671 | 23.2 |
| 制造业 | 22 257 | 17.2 | 115 659 | 8.9 |
| 租赁和商业服务业 | 3 695 | 2.9 | 111 635 | 8.6 |
| 批发和零售业 | 5 223 | 4.0 | 40 591 | 3.1 |
| 房地产业 | 22 | 0.0 | 37 164 | 2.9 |
| 金融业 | 3 633 | 2.8 | 31 426 | 2.4 |
| 建筑业 | −293 | −0.2 | 23 819 | 1.8 |
| 居民服务/修理和其他服务业 | −5 737 | −4.4 | 6 462 | 0.5 |
| 科学研究和技术服务业 | 2 066 | 1.6 | 5 155 | 0.4 |
| 交通运输/仓储和邮政业 | 144 | 0.1 | 3 202 | 0.3 |
| 信息传递/软件信息技术服务业 | 45 | 0.0 | 1 826 | 0.1 |
| 其他行业 | 738 | 0.6 | 2 155 | 0.2 |
| 合计 | 129 307 | 100.0 | 1 297 951 | 100.0 |

资料来源:2016 年中国对外直接投资公报。

### 3.2.6.2 中蒙两国之间投资存在的问题

(1)投资结构不合理。中国在蒙古国投资的主要领域仍然是矿产勘探和开发。其中中国在蒙矿产领域的投资是 65.3%,贸易和餐饮是 22.5%,而其他行业总和不到 10%,中国对蒙古国高端技术产业等知识密集型和技术密集型产业的投入严重不足,这种情况使中蒙投资在纵向升级方面很难发展。从目前蒙古国经济复苏的形势来看,急需技术转型升级,如果中国能够在这一领域增加投资,那么中蒙两国的投资空间将更加广阔。如果中国的投资结构不能适应蒙古国经济发展和市场需求的变化,或适应中国经济发展的变化,那么中蒙两国的投资前景就不乐观。通过前面表 3-2 可以看出在 2011—2015 年中国对蒙古国投资份额是下降的。

(2)投资地域分布过于集中。中国只有部分地域对蒙古国进行投资,主要包含北京、内蒙古、黑龙江以及河北等省市,其原因主要还是受地理因素的影响,即这些省市距离蒙古国较近,所以我国对蒙投资就存在问题,这些省市大部分是不太发达的省市,本身技术水平落后,因此也不会投资于蒙古国的高端技术领域。

(3)对蒙投资风险较大。中蒙投资之间目前依旧存在很多风险,当前主要包括政治风险、法律风险以及社会环境风险等,是双边投资不足的重要原因。首先,蒙古国的内部政治稳定性和持续性较差是政治风险的主要来源,当前蒙古国政治体制是一院制,即每当新的政府换届时,便会对以前政府遗留的议案进行重新审议,这会使得中国投资者在蒙古国的投资面临较大的政策风险。另外,因为历史原因,蒙古国内对于中国仍存在着戒备心理,目前"排华思潮"在蒙古国内仍然大量的存在,使得我国企业在蒙古国的投资同样面临较大风险与不稳定性,特别是对于矿产等资源进行扩大投资时,会引发很多蒙古国人的抵触情绪。此外,蒙古国法律政策多变,进而导致了中国对其投资的法律环境风险较大。在对蒙古国投资环境进行评价分析中,最大的一项环境因素就是法律政策环境。因为蒙古国的法律政策环境非常不稳定,使得中资企业在蒙古国投资过程中面临更高的风险。例如随着蒙古国矿业振兴战略的提出,蒙古国的矿业资源成为大量外国公司踊跃投资的领域,但是蒙古国社会由于保护主义思想不断提出要求修改《矿产法》,比如提高外资企业的相关税费,蒙古国政府必需持有矿业公司 50%股份等要求。此外,在新出台的蒙古国《矿产资源法》中,都提高了外国投资许可费、特权使用费和采矿许可费,让外国投资者不满意的还有蒙古国《矿产法》几乎每五年就要改变,企业签订了长期投资协议之后,就要面临法律变更所带来的风险。最后,社会安全环境风险也是中国企业在蒙古国投资所要面临的。蒙古国的安全环境很差,社会秩序相对较为混乱,而且伴随着近年来中国矿业投资的逐步增加,蒙古国内"反华排华"现象不断增多,针对中国公民和中资企业的盗窃哄抢活动不断增多。

### 3.2.7 蒙俄经济韧性较弱并存在引资风险

随着整个新兴经济体经济下行压力增大,中俄蒙三国的经济维持低迷状态对三国开展合作发展带来巨大的压力。在 2010 年到 2016 年这段时间内,我国 GDP 增长率由 10.5% 下降到 6.7%,缩减 3.8%,中国经济进入"新常态"。在俄罗斯成为 WTO 成员国后,中俄贸易已有较高的透明度,俄方以往"灰色清关"政策已成为过去,但国内还存在任意设置技术性贸易壁垒、关税壁垒和非关税壁垒,进出口货物管理无序、货物查验效率不高等问题,这些对中俄贸易影响较大。目前,俄罗斯还属于经济转型国家,虽然该国市场经济框架已确立,但其国内市场机制还未得到更好的完善,与贸易相关的法律在解释和执行方面还不规范,有着一定的随意性。

蒙古国长期存在政策不稳定现象。例如,资源开发战略上,蒙古国对它进行近 10 年修改,直到 2007 年才把它确定为本国中长期发展战略。其《矿产法》到目前还处在"修改"状态中。从这里可以看到蒙古国产业政策仍处在不稳定的状态中。2010 年 8 月 4 日,加拿大某调查机构对蒙古国相关领域进行评估后,认为蒙古国是世界上最差矿业开采国。另外,蒙古国一些产业发展战略政策存在不合理现象。如 2012 年新出台的与产业领域相关的法律,突然提升相关产业的投资门槛,给外商带来较大的负面情绪,使该项目投资者数量大幅减少。虽然蒙古国用后颁布的法令取代该政策,但却无法阻止国外投资者的撤资。不能否认,蒙古国这次错误政策的实施,给国外商人投资造成了较大的负面效应。此外,近年来蒙古国推行的"绿色经济""旅游战略""矿业兴国"战略有着一定的矛盾。主要原因为由于简单采矿不需要过高的采矿技术,而以牺牲环境为代价的盲目采矿模式,或高度依赖矿产资源实现高额利润,都会导致采矿技术无法得到提升,易造成矿区生态环境恶化,会让矿区陷入资源陷阱状态中。蒙古国推出的"绿色经济""旅游产业"战略在本质上并未失误,但这些产业的发展对蒙古国产业调整,难以起到预期的作用。由于这些产业技术能力需要不高、获利能力不强,因而较难为蒙古国创造更大经济效益。以上正是造成蒙古国引进外资能力年年下降的原因。在 2011 年蒙古国吸收外商投资额为 49.9 亿美元,而到 2015 年实际使用外资仅 2.2 亿美元,下降 47.7 亿美元。

# 4 "中蒙俄经济走廊"建设经济效应的形成与实现机制

在经济活动的具体实践中,无论哪个国家,区域经济一体化建设的经济效应都难以量化。其中原因有两个:一方面是因为需要经过一段时间才能形成区域经济一体化组织;另一方面是因为区域经济一体化建设的经济效应在短时间内是无法凸显出来的,需要经过一段时间。本章在第2章和第3章的基础上,首先分析"中蒙俄经济走廊"建设经济效应的形成机制,然后从静态效应和动态效应两个方面分析"中蒙俄经济走廊"建设经济效应的实现机制,为第5章"中蒙俄经济走廊"建设经济效应的实证分析做铺垫。

## 4.1 "中蒙俄经济走廊"建设经济效应的形成机制

"机制"一词源于拉丁文"regiment",意指"规则、指导、指挥、管辖"。目前,西方国家关系理论对机制的三种最经典的定义是:(1)斯蒂芬·克拉斯纳认为国际机制是指"在某一特定问题领域里组织和协调国际关系的原则、准则、规则和决策程序";(2)唐纳德·柏契拉和雷蒙·霍普金斯认为国际机制就是"国际行为的机制化";(3)奥伦·杨认为国际机制是指

"国家间的多边协议,旨在协调某一问题领域的国际行为"①。本节从基础设施、政策协调、财税金融、创新开放、投资和贸易的便利化等方面阐述"中蒙俄经济走廊"建设经济效应的形成机制。

### 4.1.1 完善的基础设施推动机制

(1)满洲里综合保税区。2015 年 3 月 23 日,满洲里综合保税区作为内蒙古自治区首个综合保税区被国务院正式批复设立。该保税区位于满洲里市铁路港口、公路港口和航空港口三个主要港口的交汇处,区位优势非常明显。经营完成后,该保税区将重点关注四大产业领域,分别是保税仓储、现代物流、国际贸易及与之相关的各类加工业,希望该保税区逐渐成为中国的重要生产与服务基地、国际物流配送中心、商品贸易和加工出口基地,成为覆盖内蒙古乃至全国、面向蒙古国和俄罗斯、辐射整个东北亚地区的重要平台。从 2016 年 12 月 20 日开始,该保税区已经正式实现运营。

(2)策克口岸跨境铁路。策克口岸跨境工程项目在 2016 年 5 月 26 日正式启动。该铁路建设使用我国的标准轨距(1 435 毫米),这是一个重要的里程碑,是我国实施"一带一路"建设以来,第一条通往境外的标准轨距铁路。这条铁路具有重要的象征意义,代表着中蒙两国政治互信达到一个新高度,也是近期口岸贸易量大幅增长的坚实基础。在东部,北京到莫斯科的铁路与该铁路到乌里亚斯太区域相连接,从而能够与中西伯利亚欧洲铁路贯通,最终经鹿特丹港入海,是第四条欧亚大陆桥,该铁路作为"中蒙俄经济走廊"的西翼,可以有效地便于我国充分吸收和使用海外资源。

(3)在我国确立的六大国际经济合作走廊中,"中蒙俄经济走廊"具有明显的地理位置优势,其东北方向连接东北三省,从海参崴到达出海口,西部可以到达俄罗斯赤塔并进入亚欧大陆桥,具有明显的优势。目前,有

---

① 倪世雄:《当代西方国际关系理论》,复旦大学出版社 2005 年版。

40 余条跨境班列途经内蒙古,其中有 10 条线路从内蒙古始发,如"满俄欧""满俄白"等。多条中欧班列路线的开通和运行,使得"丝绸之路"能够辐射到很多区域,如长江三角洲、珠江三角洲、中南西南地区和渤海地区,使我国通往俄罗斯和欧洲更加方便、快捷、安全。满洲里市正在加快与蒙古国相联通的"草原丝绸之路"的建设,试图形成欧亚陆路新经济走廊,即"南通内陆,北通俄蒙,直通欧洲"。

(4)在"中蒙俄经济走廊"北部,中俄两国在跨境基础设施建设方面取得了积极进展,完成了黑河界河公路桥的谈判与签署,以及进行了黑河跨境索道协定建设协议的谈判和签署,与此同时,中国与俄罗斯方面在同江铁路的建设方面取得了实质性进展。除了公路外,中俄两国合作的焦点还有高铁领域,2017 年 11 月,中俄两国成功组建了高铁领域技术联合研发中心,该研发中心成为中俄在高铁领域技术合作的新介质和新桥梁。莫斯科至喀山高铁项目的勘察设计已经结束,届时将进入大规模建设阶段。另外,《沿亚洲公路网政府间国际道路运输协定》由三个国家共同签署,已经组织了卡车的试运行;目前铁路合作已经十分广泛,在此基础上,中国和蒙古国还对以后的行动和计划进行了商谈,中蒙俄三国对铁路通道进行了研究,当前中蒙的基础设施建设情况见表 4-1。

(5)2017 年 9 月 21 日,一个综合合作协议在二连浩特市签署,代表着中蒙跨境经济合作区(中方一侧)基建项目的正式开始。该项目是二连浩特的试点项目,属于国际重点开发试验区,有 18 平方公里的规划面积,其中中蒙两国大约各占 9 平方公里。这个项目是打造综合国际贸易、物流仓储、电子商务、进出口加工、旅游娱乐以及金融服务等的综合发展及贸易平台。目前,内蒙古已经形成了一种全面开放的新格局,同时并存着各种通关模式,如铁路、公路以及航空。在铁路交通方面,包含滨洲铁路向北延伸经赤塔,与北面俄罗斯的西伯利亚大铁路相互连接;铁路的集二线路经蒙古国的扎门乌德、乌兰巴托地区最后到达俄罗斯乌兰乌德。在民用航空合作方面,内蒙古有鄂尔多斯、二连浩特、海拉尔、呼和浩特、满洲里五个航空口岸。

表 4—1 中蒙交通基础设施领域主要项目列表

| 项目名称 | 承建单位 | 时间 | 项目进展 |
|---|---|---|---|
| 中国甘其毛都口岸—蒙古噶顺苏海图口岸"口岸铁路项目" | 中国神华集团 | 2013 年 10 月 | 签署《关于链接中国甘其毛口岸—蒙古噶顺苏海图口岸"口岸铁路项目"谅解备忘录》 |
| | | 2014 年 4 月 | 成立"噶顺苏海图铁路"合资公司 |
| | | 2014 年 8 月 | 签署《中国神华集团、国家开发银行与蒙古国合作方关于甘其毛都—噶顺苏海图口岸铁路融资协议》 |
| 解决蒙古国出海口 | 中国政府 | 2014 年 8 月 | 签署《中蒙关于蒙古国通过中国领土出入海洋和过境运输的协定》 |
| 蒙古国西部公路走廊 | 中国华西企业股份有限公司 | 2015 年 9 月 | 启动该项目一、三、四标段工程建设,预计 2018 年竣工 |
| 乌兰巴托至贺西格新国际机场高速公路 | 中铁四局集团有限公司 | 2016 年 5 月 | 开工建设 |
| 二连浩特—扎门乌德铁路转运站改造 | 中国元正集团有限公司 | 2016 年 7 月 | 同乌兰巴托铁路公司正式签约 |
| 雅尔玛格立交桥 | 中铁十二局 | 2017 年 4 月 | 正式开工,预计 2019 年竣工 |

资料来源:根据中国驻蒙古国大使馆,中国外交部资料整理得到。

### 4.1.2 完善的政策协调沟通机制

2014 年 8 月,中蒙双方共同发布了"中蒙建立和发展全面战略伙伴关系联合声明",双方签署了 26 份合作文件;2015 年 9 月,中蒙两国发布了关于"中蒙关于深化发展全面战略伙伴关系的联合声明",指出加强在政治、经济、贸易和人文领域的合作[①],重点发展矿产资源、基础设施建设

---

① 中央政府门户网站:《中华人民共和国和蒙古国关于建立和发展全面战略伙伴关系的联合宣言》,http://www.gov.cn/xinwen/2014-08/22/content_2738256.htm。

和金融合作的"三位一体、统筹推进"的经贸合作思路。① 然后在第一届中蒙博览会期间,双方签署了 166 项合作协议,投资额为 1 485.9 亿元人民币。② 2015 年 11 月,蒙古国总统额勒贝格道尔吉访问中国,双方共签署了 11 份合作文件,涉及经济、技术、基础设施和能源融资等领域。③ 2016 年 5 月,商务部部长高虎城访问蒙古国,并与蒙古国举行了中蒙两国联合经济贸易委员会第十四次会议,交流并落实两国领导人的共识,签署一些重要的经贸文件。2016 年 7 月,李克强总理访问蒙古国,签署了10 多份双边合作文件,巩固了两国关系。2017 年 5 月,习近平主席、李克强总理和汪洋副总理会见了前来参加"一带一路"国际合作峰会的蒙古国总理埃尔登巴特,再次提倡"一带一路"倡议和蒙古国"草原之路"倡议有效对接,推动"中蒙俄经济走廊"建设,助力三方共同发展。

俄罗斯也积极响应"一带一路"倡议。俄罗斯总统普京曾多次表示,"一带一路"倡议与"欧亚经济联盟"建设对接具有重要意义,增加两国的发展机遇。2015 年 5 月,中俄元首共同签署了《关于丝绸之路经济带建设和欧亚经济联盟建设对接合作的联合声明》,从战略高度和长远角度规划了如何在"一带一路"背景下,使双方战略合作空间得到有效提升。目前,对接合作正有序展开。

中国人民银行哈尔滨中心支行为了实施国家"一带一路"倡议,进一步推动与俄罗斯的金融合作,双方拟通过采取多项政策措施,有效地督促金融机构加速创新,积极地提升和完善金融服务,有力地推进建设"中蒙俄经济走廊"。简政放权,完善金融政策体系,积极争取国家寻求外商投资,企业通过借入外债实行比例自律管理,在企业外汇放款管理、电子商务外汇支付服务等方面进行了一系列创新和简政放权,为外汇贷款管理

---

① 外交部:《中华人民共和国和蒙古国关于深化发展全面战略伙伴关系的联合声明》,http://www. fmprc. gov. cn/web/zyxw/t1314028. shtml。

② 中国新闻网:《首届中蒙博览会签 166 项合作协议,涉及 1485.9 亿》,http://finance. china. com. cn/industry/hotnews/20151028/3407028. Shtml。

③ 中华人民共和国驻蒙古国大使馆:《蒙古总统额勒贝格道尔吉访华侧记》,http://www. fmprc. gov. cn/ce/cemn/chn/tpxw/t1314737. htm。

区制定了一系列的金融政策。

### 4.1.3 完善的财税金融保障机制

中蒙俄三国在"共商、共建、共享"的原则下,积极发展三国的经济。在此背景下,中蒙俄三国开展金融合作,能够使东北亚金融市场的包容性得到加强,并有效配置金融资源。目前,双方通过亚洲银行基础设施投资平台和战略对接合作项目积极开展商业贷款和货币互换合作。从 2014年开始,中国已经提供了大量优惠贷款项目给蒙古国,并签署了一系列融资合作文件和项目,文件涉及交通基础设施、人文科技和产能与投资等领域,典型的项目包括乌兰巴托至贺西格新国际机场高速公路项目、新世纪教育网项目。2015 年 8 月,中国农业银行开始人民币兑图格里克汇率挂牌,在国内是第一家,使客户能够直接以图格里克进行交易,减少了间接交易步骤并提高了效率,对于促进两国的贸易、投资和金融稳定至关重要。具体中蒙两国货币互换进展情况见表 4—2。

表 4—2 中蒙两国货币互换进展表

| 时间 | 单位 | 进展 |
| --- | --- | --- |
| 2011 年 5 月 | 中国人民银行和蒙古银行 | 签署双边货币互换协议,协议金额 20 亿元人民币,有效期 3 年 |
| 2014 年 8 月 | 中国人民银行和蒙古银行 | 签署《中国人民银行与蒙古银行人民币/图格里克互换协议》,协议金额为 150 亿元人民币 |
| 2015 年 8 月 | 中国人民银行蒙古分行 | 办理首笔图格里克现钞兑换业务 |
| 2016 年 | 二连浩特辖内金融机构与蒙方银行 | 落地实施多项措施 |
| 2017 年 3 月 | 中国人民银行和蒙古银行 | 将货币互换协议延期至 2020 年 |

资料来源:根据新华网、蒙古银行资料整理得到。

相比之下,中俄金融合作的范围更广。(1)促进中俄银行间合作,扩大本币结算业务。到 2016 年 6 月底为止,目前共有 9 家黑龙江省的商业银行分行与俄罗斯 24 家商业银行分行建立了关系。(2)发展跨境人民币业务,提高结算融资便利性。目前有两家银行机构与俄罗斯银行签署了跨境人民币融资协议,实现资金融出。目前有 21 家黑龙江省的银行机构向俄罗斯开展了跨境人民币业务的服务,涉及企业和个人 278 家。(3)发展对俄投融资业务,支持我国企业积极走出国门。中国当前继续放宽了对于跨境投资和融资的限制和要求,进一步对行政审批程序进行了简化,目的是激发跨境投资活力。黑龙江省商务厅以此为契机,以"走出去"为主题召开了银企对接会,帮助中俄双方签署了 14 个对接项目,涉及 34 亿美元对接金额。中国国家开发银行、进出口银行和多家俄罗斯金融机构签署了一批新的重大投资合作项目。(4)加强双边协调,拓宽人民币——卢布现金跨境运输渠道。哈尔滨——符拉迪沃斯托克口岸经由北京的调运通道目前已经开放,其中卢布现金调运正常化并扩大规模。推动哈尔滨银行成为国内的第一家可以实现对俄罗斯最大金额的人民币现钞跨境调运业务,以及全程自主运输服务的银行,为双边经贸的顺利发展、"中蒙俄经济走廊"建设提供了强有力的现金支持。(5)跨境电商支付结算。近几年来,中俄跨境电子商务发展迅速,使跨境电商顺利运作的基础就是支付结算渠道和物流渠道的畅通,因此,中俄银行间合作的重要内容就是建立对俄跨境电商支付平台。2015 年,"绥易通"跨境电商平台由中国银行绥芬河支行同易智付科技有限公司共同建立,该平台支持以人民币或外币进行标价、结算,接受银行卡付款等业务,使金融、税务、物流和仓储、海关等多方优势资源得到整合。

《建设中蒙俄经济走廊规划纲要》明确指出,"中蒙俄经济走廊"是一个涵盖经济和贸易多个领域的长期系统工程,它需要金融服务的支持和大量的资金投入,通过资金融通可以促进经济走廊的健康发展。

### 4.1.4 提升的创新发展动力机制

国际贸易创新主要包括国际贸易格局创新、国际贸易方式创新、国际结算方式方面的创新等。

### 4.1.4.1　国际贸易格局创新

当代国际贸易方式创新中最重要的表现是国际贸易格局的有效创新,主要表现为:(1)以地缘经济为中心的贸易方式代替传统政治联盟为基础的贸易方式。发展趋势是贸易集团化,比如亚太地区经济贸易合作、欧盟、北美自由贸易区等。(2)逐渐扩张区域贸易集团囊括的范围,进而逐渐加强推动全球贸易一体化趋势。(3)国际贸易重心正在逐步转移,由单一的重心转变为多个重心并存发展。"中蒙俄经济走廊"就是在这样的时代背景下产生的。

### 4.1.4.2　电子商务引起的国际贸易方式创新

现代通信技术是当前国际贸易的主要手段,随着当前信息技术的不断快速发展,这些新兴的新技术在推动国际贸易发展中应用十分广泛,现如今已经构建了基于信息化的国际贸易发展模式,新技术的发展使得国际贸易变得更加快捷和方便。

近年来,跨境电商合作成为中俄双边经贸合作的最新亮点。2014年,在《黑龙江省对俄服务贸易中长期规划》中指出了着力打造电子商务平台,努力提高电子商务发展作用是今后黑龙江省发展的重点领域。通过政府支持和市场化运作,建立和俄罗斯贸易的双语电子商务平台,从而可以实现自助站建设、企业在线注册、产品信息上传以及翻译等功能,有力地推动中国与俄罗斯企业之间的贸易交往,如线上的订购、在线的交易以及在线的支付等,在黑龙江构建的对俄电子商务网络当前已经成为中国国内功能最齐全、信息与电子商务整合最完善、信息量最大的电子商务平台。

自2010年起,电子商务成为俄罗斯本土以及外国在俄罗斯投资的新领域,目前投资总额已经超过了10亿美元,俄罗斯也成为中国跨境电商的最大出口国家。俄罗斯6 000万网民中有相当一部分愿意在网上购物,特别愿意购买中国生产的鞋帽、服装、电子产品和箱包。俄罗斯每天从中国收到10万个包裹。淘宝网作为中国最大的电子商务交易平台,正在俄罗斯快速发展,从淘宝网上每天向俄罗斯出口的网购商品价值达到400万美元左右。

2014年8月,中蒙跨境电子商务平台——城市商店在二连浩特正式启动。城市商店是对蒙的一个大型综合在线购物平台,它可以快速满足蒙古国居民购买中国商品的需求,是一个连接生产企业、在线支付和物流的跨境电子商务平台。该平台成为中蒙跨境贸易新途径,为进一步增强中蒙贸易发挥积极作用。

在国际贸易发展过程中,电子商务成功地打破了中蒙俄之间的各种障碍,推动了国际贸易进入无界领域。在中蒙俄的贸易发展过程中,电子商务提供了一种互动的网络运作机制,建立了一个相对完整的市场环境。

### 4.1.4.3 创新的国际结算方式

国际贸易结算在国际贸易发展中发挥着重要作用。随着经济的快速发展,具备世界货币职能的货币越来越多,传统国际贸易主要采用美元进行结算,欧元的产生使得国际贸易结算中出现了新的结算货币,丰富了国际贸易货币结算的选择。在传统的贸易结算中主要是采用纸质账单,这种传统的方式目前正在逐渐地被电子货币和账单取代,进一步便利了国际贸易的往来,电子货币与账单有效地打破了之前贸易中存在的各种壁垒和障碍,快速地推动了贸易的发展,并且有效地降低了国际贸易成本,提高了国际贸易的流通速度。

中俄电子商务跨境结算呈现多样化趋势。(1)选择国内外收单银行,通过国际银行卡或网上银行渠道进行结算。在当前跨境电子商品进出口贸易中,许多外国消费者习惯采用银行卡的方式进行支付。根据统计数据,电子支付的70%份额都是采用这类结算方式进行的。电商平台可以选择与不同银行或国际银行卡组织进行合作,然后选择国内外的银行通过使用银行卡收取款项,进而资金可以在国内外银行有效结算。另外,国外客户在购物网站上完成订单后,客户可以主动登录网上银行或者可以直接跳转进行支付。(2)开展业务创新,绥芬河的卢布现金使用进展顺利。绥芬河市已被国务院正式批准为首个在中国使用卢布的试点城市,支撑了对俄边境贸易的资金需求,增加了边境贸易活动。哈尔滨银行建立了"中俄跨境电商在线支付平台",为俄跨境电商企业提供境外国际卡线上支付收单,以及俄罗斯国内支付终端机、移动支付业务和电子钱包。2015年9月,绥芬河市启动对俄跨境电商平台"绥易通",建设第三方跨境支付企业。(3)人民币跨境银行间支付系统(CIPS)。2015年10月8日,CIPS开始在中俄边境贸易结算中使用。黑龙江地方银行机构也积极参与CIPS网络建设。目前,除16家中资银行作为直接参与者外,省内较大的股份制商业银行龙江银行和哈尔滨农村商业银行,以及东宁农村商业银行和黑河农村商业银行均间接参与CIPS。与此同时,俄罗斯已有12家金融机构作为间接参与者进入CIPS网络。访问后,各家参与者通过专线一点接入,集中清算,减少了人民币跨境清算途径,提高人民币跨境清算效率。

### 4.1.5 提升的贸易和投资便利化水平

贸易和投资便利化是简化和协调国际贸易与投资体系的程序,有利于贸易和投资减少规制障碍。一方面,为了顺应当前世界经济发展趋势,不同国家通过推进各种便利化措施,可以有效地减少贸易所需的时间,降低国家贸易成本;另一方面,中蒙俄三个国家相互之间的贸易额都在各个国家对外贸易总额中占据着相当大的比例。如果多边贸易额继续增长,进一步加强贸易和投资便利化水平,可以推动中蒙俄三国扩大市场开发,支持多边贸易体制、宏观经济政策和微观制度的相应改革和升级。

中国与蒙古国和俄罗斯现实基础良好。蒙古国是一个内陆国家,完全没有出海口。蒙古国拥有大量的矿产资源,其对外贸易完全依赖与中国或俄罗斯的出海口。它主要通过中国天津港口与第三国进行贸易往来。俄罗斯拥有丰富的能源,其经中国的连云港,通过蒙古高原进入欧洲、中东和非洲进行过境贸易。可以看出,有必要提升中国相关港口的外贸硬件条件,为此中国各级政府也在积极地运作。例如,在2015年内蒙古自治区的政府工作报告中,地区政府提出要加快建设呼伦贝尔中俄合作试验区、满洲里及二连浩特国家重点开发开放试验区等,积极推动中国与蒙古国和俄罗斯交通基础设施互联互通,进而全方位推动延边地区的开放和开发。

此外,"中蒙俄经济走廊"在贸易和投资便利化方面已取得了一些成果。中蒙俄三国在进出口商品结构方面具有很强的互补性,因此"中蒙俄经济走廊"的建立有利于三国经济的发展,贸易和投资便利化措施将进一步扩大这种效果。截至目前,中蒙俄三国之间已经签署很多海关合作协议。如第3章所述,我国东北地区与蒙俄接壤,具有良好的工业发展基础,并且该地区与京津冀发展带相连接,该地区在推进"中蒙俄经济走廊"建设过程中有着得天独厚的地缘优势。目前,黑龙江、吉林等省深化政府"放管服"改革,为对俄、蒙贸易发展增加了活力。继续下放审批和备案权,以降低机构成本,继续创新检验监管模式,加强事后监督,营造良好的通关环境。继续落实关税减免政策,减轻企业负担,减轻优化经营环境的负担;依靠信息技术加强检验检疫,加快无纸化进程,优化基于风险管理和诚信经营的检验监督流程。优化通关流程,进一步提高通关速度,快检快放,提升"中蒙俄经济走廊"的通关速度。东北海关和哈尔滨海关之间的界限被打破,以尊重市场和物流规则为原则,提高贸易和投资便利化水平,建立区域通关中心、专业评审平台、报告平台、风险防控平台和现场操作平台,形成了一体化规范的治理机制——"一个中心,四个平台",实现企业自主选择在东北地区申报纳税场所,实现区域内海关高效统一执法和全程对接服务,有效提升了"中蒙俄经济走廊"建设的经济治理水平。

贸易和投资便利化措施主要是简化程序、减少限制、统一标准、完善规范、增强透明等,降低双边贸易中的交易成本,从而使货物和服务能够更自由地流动。在2009年12月的"中蒙俄陆桥经济论坛"上,中蒙俄提出要简化相互间的通关程序,进一步提高彼此间的通关效率,加大促进中蒙俄国际贸易和投资的便利化发展。在2014年9月的"上海合作组织杜尚别峰会"期间,中国主席习近平明确提出建立"中蒙俄经济走廊",其顺利实施的先决条件之一就是贸易畅通,便利化过境货物的通关渠道。"中蒙俄经济走廊"符合"一带一路"倡议的原则和宗旨,能够有效促进"一带一路"倡议的实施与推进。在此大背景下,探索中蒙俄之间贸易和投资便利化更具有很强的现实意义。

## 4.2 "中蒙俄经济走廊"建设经济效应的实现机制

"中蒙俄经济走廊"建立后之所以能实现经济效应,是因为有一系列形成机制做保障。三国进一步推进基础设施建设,如铁路、公路的互联互通等,极大地增加了彼此间进行交易的可能性,降低了人员、资本、货物和各种信息的流动成本,因而形成了三方互惠互利的市场格局,完善的政策协调沟通机制,完善的财税金融保障机制,提升的创新发展动力机制,提升的贸易和投资便利化水平,在这些机制下,为进一步发展多边贸易以及经济效应的实现提供了便利。从第2章理论基础来看,建立"中蒙俄经济走廊"的静态效应和动态效应可以充分实现。本节内容主要从经济效应分析的角度入手,对"中蒙俄经济走廊"建设经济效应的实现机制进行深度分析,探讨"中蒙俄经济走廊"建设对中蒙俄三边贸易产生的积极作用。在当前区域经济一体化蓬勃发展的形势下,建立"中蒙俄经济走廊"必将产生广泛的积极影响,对其产生的经济效应主要从静态效应和动态效应两个层面进行分析。

### 4.2.1 静态效应实现机制

"中蒙俄经济走廊"的静态效应,是指在其他条件不变的情况下,由于"中蒙俄经济走廊"的建立在短期内使成员国贸易规模、贸易流向、贸易条件以及贸易结构等方面出现的变化。本节从以下几个维度展开分析:贸易创造效应、贸易转移效应、贸易结构效应和社会福利增长效应。

#### 4.2.1.1 贸易创造效应的实现机制

根据 Viner 的观点,"区域经济一体化组织成立后,这个范围内成员国之间通过相互减少关税,消除各种非关税障碍,结果是成员国不生产本国高成本商品,从而进口其他国家的低成本商品,创造出区域经济一体化组织成立前没有产生的新国际贸易。"我们假设,有甲国、乙国和丙国三个国家,成立区域经济一体化组织之前,甲国不从乙国进口商品 A 而是从丙国进口,因为乙国商品 A 的价格要高于丙国。现在甲国和乙国组建了区域经济一体化组织,该组织内的关税壁垒被取消了,这样乙国的商品 A 的价格就会比丙国低,因而甲国从乙国进口商品 A,甲、乙两个成员国之间原来不存在的贸易被创造了出来,贸易规模扩大了。与此同时,甲国居民的福利增加了,因为甲国居民购买商品 A 的价格降低了,所以消费者剩余增加了。随着"中蒙俄经济走廊"的建设,如本章"投资和贸易便利化"的内容所述,中蒙俄三国可以妥善处理三国在关税和非关税壁垒方面的问题,从而进一步促进贸易和投资便利化,实现贸易创造效应。目前中蒙俄之间经贸合作势头良好,据官方数据,2017 年中俄双边贸易额达840.7 亿美元,同比增长 20.8%,中俄之间不断优化贸易结构,机电和高新技术产品贸易增幅分别达 17.8%和 27%,农产品贸易额达 40.8 亿美元,达到近年新的高度,新型贸易方式如跨境电商等发展快速,两国在融资、保险、证券、支付、银行卡等领域金融合作深入推进,银行间合作日益密切。[1] 我国继续保持对俄第一大贸易伙伴地位,俄为我国第十一大贸易伙伴;2017 年中蒙双边贸易持续扩大,上半年中蒙双边贸易额达 31 亿美元,同比增长 44.2%。[2]

中国的自然因素有利于种植农作物,农产品种类很多,但缺少耕地面积。俄罗斯地域辽阔,拥有大规模的耕地面积和丰富的水资源,而且土壤肥沃,但缺乏农业劳动力。在农业领域中俄两国各有优势和劣势,两国可发挥各自优势来弥补对方的劣势,所以两国农业领域的合作发展前景广阔。2017 年 10 月 11 日,在莫斯科召开了中俄农业分委会第四次会议,会议深入讨论和交流了中俄双方促进农业领域的相互投资、合作等议题。俄罗斯种植农作物时很少使用农药,并且转基因食品在俄罗斯是不允许

---

① https://news.sina.cn/2018-04-27/detail-ifztkpip2512626.d.html? pos=3&vt=4
② https://weibo.com/1916733321/FfcUsDIKt? type=comment#_rnd1537764670976

生产的,所以近年来中国消费者非常欢迎俄罗斯的农产品。近年来两国不断扩大农产品进出口规模,2017年俄罗斯出口到中国的农产品超过30亿美元,出口的农产品包括玉米、大豆、葵花子油、面粉等,俄罗斯从中国进口海鲜和水果等农产品。目前中俄双边贸易的亮点是农产品贸易扩大效应的实现。

建立"中蒙俄经济走廊"后,由于三个国家之间不断深入的经贸合作,经济上一体化程度会变得更高,互补性会变得更强,合作领域会越来越广泛。尽管从目前来看,俄罗斯为了保护本国的市场以及产业,在某些产品方面关税设置较高,但是随着"中蒙俄经济走廊"建设,如本章"投资和贸易便利化"的内容所述,中蒙俄三国可以妥善处理三国在关税和非关税壁垒方面的问题,从而进一步促进贸易和投资便利化,实现贸易创造效应。

在中国与俄罗斯地区协作的计划中,俄远东地区建议将原来的采掘业进行深加工处理,从而增加商品的附加值,因为劳动力工资比较低是俄远东地区的优势,且原材料加工品价格相对低廉;两国具体的产业合作中,俄远东地区承揽了二十多个木材加工项目,在林木区采伐木材后,可直接在当地加工,然后再出口到中国东部地区;这对于俄远东地区而言,木材深加工项目可以使当地企业获得更多的利润;同时,对于我国东北地区而言,不仅可以将节省下来的资本投资于其他市场,还可以保护东北地区的森林资源。此外,火力发电是我国东北地区的主要发电方式,这种方式不能满足东北地区的用电需求;而俄远东地区正在进行电力基础设施建设,随着中俄电力合作的开展,俄远东地区的电力资源可源源不断地送往东北地区,缓解这个地区的电力需求压力。可见,随着"中蒙俄经济走廊"的建设,中蒙俄三国间的双边或多边产业分工和合作将继续深化,成员国之间的国际贸易会越来越频繁,贸易创造效应将越来越明显。

地缘经济学理论认为,国家间的地理位置越相邻,则运输成本就越低,各个国家间就越容易开展贸易活动。因此,区域经济一体化组织贸易创造效应实现的自然优势是地理位置邻近、运输成本降低。中蒙俄三国一衣带水,毗邻而居,区位优势明显,有利于贸易创造效应的实现。

### 4.2.1.2 贸易转移效应的实现机制

贸易转移是一个新兴概念,加拿大经济学家 Viner 在 20 世纪 50 年代首次提出了这一概念。区域经济一体化组织成立后,因为歧视组织以外的非成员国,如前所述,组织内外制定的关税标准不一样,所以从成员国进口的商品多于非成员国,这样贸易方向就会发生改变,形成"贸易转移",贸易转移一般发生在区域经济一体化组织成员国和非成员国之间。所谓贸易转移效应,就是指"成员国与非成员国之间的贸易转移"。"中蒙俄经济走廊"建立后,由于对区内区外国家施行的关税不一样,就形成了贸易转移效应。例如,俄远东地区主要从我国进口生活用品,而机械制造、交通运输品主要从日本和韩国进口。此次中俄区域经济合作对接项目中,辽宁承担了一些装备制造项目,可使俄远东地区的部分装备制造进口市场转移到辽宁。而在产业对接中,俄远东地区承接的项目大多是原材料开采项目,所开采的原材料的种类囊括了我国东北地区主要进口原材料的种类,因而在中俄产业对接的背景下,东北地区部分原材料进口会转向从俄远东地区进口。此外,我国主要从澳大利亚进口铁矿石,而随着俄远东地区铁矿石的开采,以及双边物流设施的不断完善,货物周转速度将会加快,东北地区进口铁矿石的部分市场会转移到俄远东地区,产生贸易转移效应;特别是中俄"石油换贷款"协议的签订,使得东北地区对中东地区的石油进口依赖减少,从而可以确保俄远东地区成为中国原油进口的稳定来源。随着中俄边境石油管道铺设的竣工,俄远东地区石油可以畅通无阻地运往我国东北地区。

近些年,我国加工的羊毛量占世界羊毛加工量的 35%,约为 45 万吨,不仅种类齐全,而且产业链完整,生产的毛纺产品具有各种质量水平。因此,我国成为世界上最大的羊毛制品加工中心,在世界上占据重要地位。我国毛纺工业在长三角地区发展较好,上下游产业链完整,在这些加工毛纺制品的企业中,有的企业规模较大,且具有自己完整的生产链,这些企业被称作全能型企业,有的企业只参与毛纺织品加工的某一环节,具有突出特色,这些企业叫作专业型企业。全能型企业和专业型企业相互协作,形成灵活的生产组织形式,有效提高了生产效率,在市场竞争中占据优势。随着科学技术的发展,我国在毛纺制品加工方面的技术也发展较快,由此提高了产品的附加值。产品质量也有所保证,在世界上占据重要位置。蒙古国盛产羊毛,每年产量2.5万吨,大部分进入中国市场,在羊毛、羊绒加工和消费方面,中国在世界上占据领先地位,因此,中蒙两国可以就羊毛产业展开合作。从现在看,蒙古国内的羊绒羊毛生产企业都在努力提高生产技术,提高生产力度,又由于中蒙两国山水相连、习俗相近、人文相通,而且中国不仅市场容量巨大,资金和技术实力雄厚,蒙古国生产的羊绒羊毛制品已开始逐渐选择不对其他国出口,蒙古国与中国尤其是苏尼特右旗展开密切合作,提高蒙古国产品在内蒙古地区的覆盖率。

### 4.2.1.3 贸易结构效应的实现机制

我国具有比较优势的产业是农产品加工业、制造业和纺织业方面,这些产品出口到蒙古国市场,满足了蒙古国的需求。由于蒙古国的经济方式比较粗放,生产水平也比较落后,蒙古国的贸易结构是进口工业成品,出口矿产和农业原料。如前面第3章所述,中蒙贸易结构高度互补。尽管蒙古国矿产资源丰富,但不具备开采条件,所以开采自然资源比较困难。我国缺少矿产资源,但拥有先进的设备和技术,资金充足,能够为蒙古国提供资金和技术,实现优势互补。另外,蒙古国主要出口金属矿石、煤和石油等初级原材料商品到中国;中国主要向蒙古国出口服装、钢铁和纺织品等劳动密集型产品,所以中蒙贸易结构具有很强的互补性。然而随着中国经济结构的转变,中国劳动力成本价值的提高,其对蒙古国的出口增长趋势在近几年内可能会有所下降。

在过去的几年里,如前面第3章所述,中俄贸易结构具有很强的互补性,中国从俄罗斯进口木材、能源和其他原材料。近两年来,随着科技进步,两国调整了经济结构,所以进出口商品结构出现了明显变化。2017年,在两个国家的高科技产品贸易中,机电产品占据了很大的份额,已经超过了两国贸易额的50%,除传统的能源产品贸易外,俄罗斯对中国农产品的出口也实现了大幅增长,中国从俄罗斯进口的农产品价值已经超过了 30 亿美元。另外,中俄两国之间的电子商务也正在迅猛发展,中国电子商务公司的销售量占目前俄罗斯电子商务市场相当大的份额。但中俄两国之间还没有建立平衡的贸易关系,两国还可以在很多领域建立合作关系。例如,在医药市场,俄罗斯具有很大的发展潜力。俄罗斯高达 70% 的药品是从德、英、法、美等国家进口来的,政府每年采购的药品来自英国、日本和瑞典的就占 80%。数据显示,到 2020 年,俄医药市场已达到 1.5 万亿卢布。2017 年中国降低了部分商品的关税,2018 年中国调整了信息技术、能源、制造业、医药和重工业等部分行业进出口产品的关税,这些措施促进了中俄贸易在 2018 年的大幅增长。除此之外,俄罗斯的通信设备、蔬菜、化妆品等也有很大的发展空间。如果中俄实现自由贸易,两个国家的贸易额还会继续增加,其贸易结构会进一步优化。中国可以在分析俄罗斯市场需求的基础上,通过在中俄边境建立生产基地,将中国的轻工业产品便利地出口到俄罗斯,中国东北地区可以抓住这一机遇,经由俄罗斯进而开发远东地区的市场。中俄两国的边境省州地区需要进一步加强合作与交流。要想提高自身在俄罗斯的市场占有率,中国应该投资在俄罗斯建立工厂;并且将投资领域集中在高科技产业,以生产技术密集型产品为主,然后可以将生产出来的高科技产品回流到中国各个地区,满足中国市场的需求。

#### 4.2.1.4 社会福利增长效应的实现机制

"中蒙俄经济走廊"建立后,在不同阶段将会降低或者取消各类商品的关税,商品价格将会随之下降,消费者的消费支出会逐步减少,其消费者剩余则会逐步增加。从目前来看,为了保护两国的本国市场,中俄特别是俄罗斯,制定了严格的关税壁垒用来阻碍双边贸易发展,就连黑龙江和内蒙古边境地区也只是实现了部分自由贸易。如前所述,"中蒙俄经济走廊"建立后,需要协商减少彼此之间一定数量的贸易壁垒,包含关税和非关税的,只有采取这种措施,才能够增加两国消费者的福利效应。此外,降低关税可以进口更多的产品,消费者可以有更多的商品可以选择,商品的价格下降,大大刺激两国消费者的消费需求,从而增加社会福利效应。

有些商品具有较大的需求弹性和供给弹性,消费者剩余会随着关税的降低而迅速增加,而相应的生产者的剩余则会一定程度减少,那么社会福利的净效应变得越来越高。从以上分析可以得出结论,"中蒙俄经济走廊"建立后产生的净福利效应等于增加的消费者剩余减去减少的生产者剩余。

假设世界分为三个部分:甲国、乙国和外部世界,都生产商品 X。如图 4—1 所示,$DD$ 和 $SS$ 分别表示甲国 X 商品的需求曲线和供给曲线。$H$、$U$ 和 $W$ 分别表示甲国最初价格、乙国价格和外部世界价格。区域经济一体化组织成立前,甲国以价格 $H$ 生产 $q_1$,消费 $q_2$,进口 $q_1q_2$;区域经济一体化组织成立之后,价格从 $H$ 下降至 $U$,国内生产下降至 $q_3$,消费上升到 $q_4$,进口上升到 $q_3q_4$,在增加的贸易量($q_1q_3 + q_2q_4$)中,$q_1q_3$ 是进口对国内生产的替代,成本由 $OMq_1q_3$ 下降至 $NMq_1q_3$,增加了面积为 $OMN$ 的福利。$q_2q_4$ 为价格降低后消费量增加所导致的贸易的扩大,这时消费者的总效用为 $QRq_2q_4$,而消费成本为 $PRq_2q_4$,经济福利增加了 $QPR$。

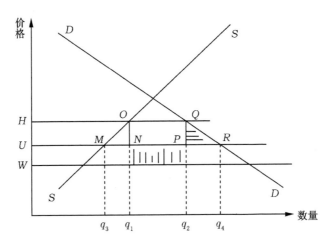

**图 4—1　社会福利增长效应**

### 4.2.2 动态效应实现机制

动态效应是区域经济一体化组织建设的长期效应,主要是指在区域经济一体化组织建立完成后一段时间之内产生的影响,需要在一段时间后才能表现出来。与短期效应相比,动态效应代表着一种更深层次的变化,其主要包含对生产、投资和经济总量等因素的影响。本节主要从以下几个维度分析"中蒙俄经济走廊"建设的动态效应,包含投资效应、规模经济效应、竞争效应、经济增长效应、产业集聚效应。

#### 4.2.2.1 投资效应的实现机制

(1)投资创造效应,根据本书第2章提及的经济效应理论,投资创造效应主要分为区内对区内和区外对区内两类。

①区内对区内的投资创造效应。2014年9月9日,中俄两国在北京举行了第一次中俄投资合作委员会会议,该会议标志着中俄政府之间投资机制的启动和正式开展。会议一共确定了32个重大投资项目。此后,中俄双方投资合作领域不断拓宽,项目不断增多。随着"中蒙俄经济走廊"的建设,势必会扩大专业化生产规模,增强市场竞争,但激烈的市场竞争反过来又会促进生产技术的提高,改善投资环境,投资者的眼光会被良好的投资环境所吸引,从而双边投资也能取得良好的成果。"中蒙俄经济走廊"的建立,很多企业为了在市场竞争中占据优势,从成本和效率两方面入手,而成本的降低和效率的提高又必须依赖于更多的投资。同时,"中蒙俄经济走廊"的建立,可以促使资金、劳动力等生产要素在两国间实现自由流动,同时也增加了双边投资额;最后,"中蒙俄经济走廊"建立以前,存在很多不合理的限制,影响了两国的投资流动和投资项目运行,当这些不合理限制被取消以后,双边投资范围也得到进一步扩大。中俄两国之间在各项制度的保障下,将会实现更加紧密地交流与合作,比如中俄总理的第十九次会晤,促使中俄两国在财金领域紧密协作,加强宏观经济政策领域交流,使得两国在贸易和投资方面更加便利。截止到2020年,两国的贸易额达到2 000亿美元,贸易质量有所提升,贸易结构也有所

优化。

第3章表3—2显示的是从2003年开始,中国向蒙古国投资情况。近年来中蒙两国的经贸合作稳步发展、势头良好,经济合作进程得到进一步深入,从而扩大了两国的投资领域和投资额。中国从1998年起就是蒙古国的最大投资国。蒙古国权威机构统计数据显示,世界上有包括中国、日本在内的70多个国家和地区向蒙古国直接投资,投资总额达到了100亿美元,投资范围也逐渐变广。在这些投资国中,中国投资额最多,投资领域最为广泛。尽管中国对蒙古国的直接投资额在2011年起有所下降,但是从蒙古国整体的投资总额来看,中国对蒙古国直接投资的比例仍然占据非常大的比例。与此同时,据姜涛(2015)测算,在进口贸易方面,2003—2013年间,中国对蒙古国直接投资与中蒙贸易总额间存在着同方向变动的关系,中国向蒙古国直接投资流量每增长1%,中国从蒙古国即期进口就会增长0.63%,同时,由于投资对贸易有滞后效用,在滞后一期里,中国从蒙古国进口还会增长0.18%;在出口贸易方面,2003—2013年间,中国对蒙古国直接投资与中蒙贸易总额间存在着同方向变动的关系,中国对蒙古国直接投资流量每增长1%,中国向蒙古国即期出口就会增长0.52%。同时,由于投资对贸易有滞后生产效用,在滞后一期里,中国向蒙古国出口还会增长0.15%。[1] 可见,我国对蒙古国直接投资增加会使我国对蒙古国进出口贸易同时增长,而我国增加对蒙古国直接投资会导致进口效应大于出口效应,所以,对蒙古国直接投资的上升会导致我国对蒙古国的贸易逆差扩大。简言之,"中蒙俄经济走廊"建立以后,由于区域内成员国之间投资限制减少、投资更加方便,投资政策的协调以及投资环境的改善,会使三国间大规模FDI的流动更加频繁,三国投资者的积极性进一步增加,从而出现投资创造效应。

国际产能利用率标准大约为82%,但是目前全国各行业的产能利用率最高仅能达到75%。[2] 从目前国内市场来看,过剩产能的消化能力还

---

[1] 姜涛:《中国对蒙古直接投资的贸易效应研究》,安徽大学2015年硕士学位论文。
[2] 张厚明:《我国淘汰落后产能对策研究》,《中国国情国力》2014年第8期。

不是很高,因此,要想实现"中蒙俄经济走廊"的长期发展,解决国内产能过剩问题是首先要考虑的重要问题之一。但是值得注意的是,产能输出并不仅是出口产品到国外,而是要将与产品有关的整个生产链输出,使这些国家具备完整的生产该产品的产业链。俄罗斯和蒙古国很多地区经济落后,配套设施不完整,这种现状下,中蒙俄三国即使建立合作关系,成果也不够显著,但如果建立"中蒙俄经济走廊",可以将中国过剩的产能输出到其余两个国家,帮助这两个国家完善基础设施,不仅可以促进蒙俄两国的经济发展,而且可以消耗国内过剩的经济产能,另外,蒙俄两国经济的发展,可以提高中国周边市场的购买力,改善目前国内不平衡的供需关系,对我国经济的长足发展也非常有利。

②区外对区内的投资创造效应。"中蒙俄经济走廊"的建立,将形成一个统一大市场。市场规模将进一步扩大,增加了经济收入,提高了市场需求,吸引更多的企业投资。此外,随着"中蒙俄经济走廊"规划纲要的制定,细化投资协调政策至区域层面,使之更加适用于该区域,更准确地预测该区域的投资成果,使区域外非成员国在区域内投资的风险降低,坚定了投资国的投资决策;另一方面,自从建立"中蒙俄经济走廊"以后,区域内很多关税壁垒被消除,减少了贸易限制制度,成员国享有国民待遇特权和原产地特权,区域外的关税壁垒并没有消除。美国、欧盟等非成员为了维持其市场占有率,势必会通过在"中蒙俄经济走廊"内的直接投资方式来规避贸易壁垒,最直接的方式就是建立"避税工厂",在"中蒙俄经济走廊"内生产、销售。比如从投资领域来看,对蒙古国直接投资的世界上其他地区的发达国家增加了,特别是美国和加拿大,提升了对蒙古国的直接投资额度。

(2)投资转移效应。

①区域内成员国之间的投资转移效应。自从建立"中蒙俄经济走廊"以来,如第3章所述,如果成员国之间的贸易自由化程度比投资高,那么贸易所取得的利益与投资相比就更加迅速,再加上贸易优惠政策的支持,中蒙俄三国可能会用贸易取代投资。这就是常说的"贸易替代投资效

应"。中国—东盟贸易区的建立就是一个很好的例子。自从 2002 年建立中国—东盟贸易区以来,特别是在 2004 年贸易区实施了"早期收获计划"以后,两个地区通过降低关税提高了双方贸易量。贸易年均增长率在 2002 年到 2008 年达到 26.8%。但在 2009 年双方投资协议签署前,东盟对我国投资总额 2002 年为 32.6 亿美元,2008 年仅增加到 54.6 亿美元,年均增长速度为 9.8%,同期贸易增长速度远远高于投资增长速度,这就是"贸易替代投资效应"。

②区外对区内的投资转移。"中蒙俄经济走廊"的建立并没有影响区域内已经存在的跨国公司的发展前景,反而给了它们更好的发展机遇。这些跨国公司重新整合资源,使之更加适用于市场,对自身在市场中的分工进行重新定位,充分利用市场统一所带来的机遇,朝着更加专业化、规模化的方向发展。重新调整生产活动布置区域,将直接投资的眼光从优势较小的国家转向优势大的国家。[①] 表 4-3 显示的是区域外国家对中蒙俄三国的直接投资现状,数据显示,蒙古国从 2013 年到 2016 年吸引外资的能力在逐年下降,特别是 2016 年外资流出额超过外资流入额,这说明外资纷纷从蒙古国撤资。俄罗斯从 2013 年到 2015 年,吸引外资的能力也逐年下降,但 2016 年吸引外资能力反弹。从现在来看,蒙古国国内生产总值的增长已经停滞。同时,蒙古国的政府负债较多,2014 年债务甚至超过了国内生产总值的 50%,而且负债越来越沉重。现在蒙古国政府的负债已经达到国内生产总值的 80%。蒙古国之所以出现这种状况,很大程度上可以归因于该国家对采矿业的依赖性太大。蒙古国面积大,人口少,盛产矿产资源,矿产资源出口多。数据统计,2014 年,蒙古国出口最多的矿产资源为铜,煤、黄金、原油、铁等次之。但是大宗商品价格的急剧下降,给大宗商品出口国的经济造成了严重的打击,包括蒙古国在内的很多国家货币价格也大跌。而且蒙古国对中国市场依赖性较高,而中国市场由于 GDP 增速放缓,对资源的需求量减少。俄罗斯经济最近 3 年

---

① 张宏、蔡彤娟:《中国—东盟自由贸易区的投资效应分析》,《当代亚太》2007 年第 2 期。

不断遭遇打击,由于石油危机、卢布危机、西方制裁,经济陷入全面危机。2015 年经济增长率为－3.75%,经济跌到解体以来最差程度。经济衰退、出口、外储下降,卢布对美元大幅贬值。俄罗斯轻工业和农业相对落后,食品和农产品依赖进口,卢布大幅贬值使得通货膨胀大幅飙升,2015 年通胀达到恐怖的 12.9%,失业率也达到 5.3%,俄罗斯消费萎缩近 8%,投资锐减 20%。

表 4—3　　　　　　中蒙俄三国 FDI 流入量:2013—2016 年　　　　单位:百万美元

| 年份 | 2013 | 2014 | 2015 | 2016 |
|------|------|------|------|------|
| 中国 | 123 911 | 128 500 | 135 610 | 133 700 |
| 蒙古国 | 2 060 | 337 | 94 | －4 072 |
| 俄罗斯 | 53 397 | 29 152 | 11 858 | 37 668 |

资料来源:WTO Tariff Profiles。

　　由于以上原因,很多区域外非成员国和地区,例如美国和欧洲,降低了对蒙古国和俄罗斯的投资额,而将投资对象转向中国等国家,因为这些国家属于新兴国家,发展潜力也比较大。除此之外,中国的经济发展潜力吸引了外国投资者,因此外国投资者对中国的投资额飞速增长。外国投资者对中国的投资额在 2008 年第一次超过 1 000 亿美元,2011 年达到了最高值,为 1 239.9 亿美元,从目前经济发展现状来看,中国的发展潜力是很大的,相信在不久的将来,通过不断优化经济结构,提高经济增长速度,中国将会吸引更多的外国企业前来投资。

#### 4.2.2.2　规模经济效应实现机制

　　按照区域经济一体化理论和经济效应理论,由于该组织的建立统一了原有成员国被保护的内部市场,进而就可以形成统一的大市场。市场的需求将会随之增加,各个成员国的生产企业可以通过进一步提高专业化分工水平来扩大生产规模。随着生产规模的扩大,由于提高了生产效率,生产成本将会得到降低,因此实现了规模经济。下文分析中蒙俄规模经济效应的实现机制。

为了分析的方便,需要先将蒙古国、俄罗斯的市场看作一个整体。如图4－2中所示,蒙俄对某类产品的需求曲线用 $D_a$ 表示,中国对某类产品的需求曲线用 $D_c$ 表示,两个市场的总需求曲线用 $D_{a+c}$ 表示。蒙俄关于该产品生产的平均成本曲线用 $AC_a$ 表示,中国关于该产品生产的平均成本曲线用 $AC_c$ 表示,世界市场的价格用 $P_w$ 表示。在建设"中蒙俄经济走廊"之前,$P_a$ 表示蒙俄国内生产价格,$P_c$ 表示中国国内生产价格,不同国家还对该产品分别征收 $P_wP_a$ 和 $P_wP_c$ 的进口关税,国内生产点分别用 $M$、$N$ 表示。建立"中蒙俄经济走廊"以后,假设中国在生产该产品中与其他两个国家相比拥有绝对的比较优势,所以能以较低的市场价格出口到蒙俄市场,中国企业因为扩大生产规模的影响,而导致平均成本得到下降,所以该类产品的价格也由原来的 $P_a$ 被缩减到了 $P_b$。基于以上分析,根据前面讲述的内容,蒙古国和俄罗斯的福利效应产生的原因是消费者剩余增加,就是指生产效应 $A$ 和消费效应 $B$ 两部分,相应中国福利效应包含三个部分,分别是 $C$、$D$、$E$,其中消费者剩余的增加为 $C+D$。也就是建立"中蒙俄经济走廊"后,由于规模经济的原因降低了生产成本,消费者购买产品的价格会降低,生产者由于规模经济的原因而获得的收入增加部分为 $E$。根据上述分析表明,受到规模经济效应的影响,中国社会福利效应提高的方式和传统贸易创造效应是不同的,即它不是由于将国内较高成本的产品消费转移到可以实现更低成本的生产国,而是由于自身生产规模扩大的原因降低了国内的生产成本。在这种情况下,之所以可以实现规模经济效应,主要原因是市场规模整体的扩大导致了平均生产成本的降低。对于蒙俄来说,"中蒙俄经济走廊"建立后,因为可以利用中国巨大的国内市场,增加大幅度的出口量进而降低生产成本,提高专业化的生产水平,进而使得规模经济效应的作用更加明显。①

因此,"中蒙俄经济走廊"规模经济效应来自:第一,市场扩大的影响。在规模经济基础上,提高了生产和技术效率,增加产量,价格下降和市场

① 宋岩、侯铁珊:《中国—东盟关税同盟区的贸易效应分析》,《对外经济贸易大学学报》2006年第2期。

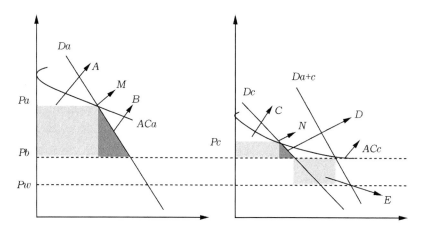

**图4—2 "中蒙俄经济走廊"建设的规模经济效应**

扩大,这属于规模报酬递增情况。第二,水平分工影响。在规模经济基础上,不同国家可以专注于生产行业中的部分商品,充分利用资源提高生产效率,生产的利润和投资回报都会有所增加。第三,福利影响。生产成本的降低使得消费者可以用更低的价格来购买产品,而且由于贸易壁垒的减少或者取消,区域成员国之间的贸易量会大大增加,将会有更多多样化的产品来满足消费者的不同需求,从而进一步增加社会福利效应。[①]

### 4.2.2.3 竞争效应的实现机制

Devarajan 和 Rodrik(1991)认为,"在不完全竞争的市场结构下,贸易自由化不仅会带来基于比较优势的资源配置效应,还会产生各种竞争效应,竞争效应的实现大大增加了福利影响"。大市场理论(Scitovsky 和 J. F. Deniau,1958)也认为,"共同市场可以统一由保护主义分裂的小市场,形成大市场,由于大市场竞争激烈,可以实现大批量生产所带来的好处。虽然某些国内产品的市场规模不小,但由于不完全竞争的存在,在这样的市场中竞争趋于消失,价格居高不下,企业陷入高利润率、高价格、低

---

① 宋岩、侯铁珊:《中国—东盟关税同盟区的贸易效应分析》,《对外经济贸易大学学报》2006 年第 2 期。

资本周转率和小规模生产的恶性循环中"。

"中蒙俄经济走廊"建立后,中蒙俄三国的国内市场可以合并为一个大市场,这样就可以打破狭窄市场、寡头厂商以及多头垄断的市场结构,成员国生产厂商竞争的加剧可以导致生产产品的成本和价格进一步降低,促使不同生产企业扩大生产规模,充分利用大型的机械设备,提高专业化分工水平,应用最新技术,实现学习效应,由于企业在研发费用、运输费用、原材料订购等方面具有经济性,在价格谈判上更加具备优势。总之,可以享受到规模经济所带来的好处,使生产成本下降,利润增加。与此同时,中国对蒙俄的出口面临竞争,而蒙俄的进口越来越依赖中国。因此,"中蒙俄经济走廊"的建设必将产生积极的竞争效应。

### 4.2.2.4 经济增长效应的实现机制

"中蒙俄经济走廊"建设可以有效提高成员国的经济增长速度,可以从以下四个方面来理解:

(1)"中蒙俄经济走廊"建设使成员国的生产朝着专业化方向发展,提高了成员国的劳动生产率。从国家层面来看,该走廊内成员国的经济形成规模化,从而很大程度上使企业成本降低,最终使成员国在市场竞争中占据优势。

(2)资本积累。"中蒙俄经济走廊"建立后,也将通过资本积累作用实现三国经济的进一步增长。资本包括物质资本和人力资本。"中蒙俄经济走廊"建立后,产生了投资创造效应和投资转移效应,提高了区域内的投资水平,从而拉动了区域内的经济增长。另一方面,"中蒙俄经济走廊"建立后,使三边投资更加便利,降低了中国资金进入俄罗斯、蒙古国的门槛,对蒙古国尤其是俄罗斯远东地区发展的积极影响尤为明显。中国为了引进俄罗斯先进的技术和自然资源,加大对俄罗斯的投资额。同时,资本准入门槛的降低,也吸引了很多外国企业前来投资,使得资本流动更自由、速度更快,这为两国的经济发展提供了良好的契机。从人力资本上看,蒙古国是一个地广人稀的国家,缺乏劳动力,特别是高素质的产业劳动力。旅游业、环境资源管理等领域的发展离不开技术型人才的参与,但是在蒙古国这些技术型人才却非常匮乏。同时,自进入 21 世纪以来,俄罗斯的人才匮乏问题依然很严重。尽管在 2002 年到 2010 年间,从外国流入俄罗斯的人口高达 33 万人,但是人才问题仍然存在。20 世纪 90 年代,俄罗斯死亡率的平均值比俄罗斯远东地区的人口死亡率高得多,但是自进入 21 世纪以后,这种状况发生了改变,远东地区的人口死亡率大幅度上升。俄罗斯权威部门对本国 2030 年以前人口趋势展开了预测,认为远东地区人口问题会一直存在,而且到 2031 年,远东地区人口占俄罗斯人口总数的比重将会降至 4.0%,比现在的 4.2% 还要低 0.2%。与俄罗斯人口现状相反,中国人口较多,劳动力丰富,特别是高素质的技术型人才非常多,从人力资本这方面来看,中国与蒙俄之间可以形成互补。

(3)技术进步推动。"中蒙俄经济走廊"的建立,使得成员国之间的经济合作更加密切,生产设备的进出口需求必然会推进中蒙俄的技术贸易与合作。成员国之间的明确分工和密切合作,使区域内的产品、资金、劳动力等生产要素的流动更加自由,因此有效提高了资源的利用率。随着"中蒙俄经济走廊"的建立,三个成员国之间可以实现技术共享,技术发展水平较低的国家可以从发展水平较高的国家引进先进的生产技术,并将生产技术引入生产领域,使生产结构得到优化,从而扩大了先进的生产技术的传播范围,提高了传播速度。这就是常说的技术扩散效应,技术扩散效应对促进成员国经济合作有着积极的影响。

(4)资源优化配置。"中蒙俄经济走廊"的建立,使自贸区各成员国之间的产品、资金、劳动力等生产要素的流动更加自由。俄罗斯、蒙古国劳动力尤其是高素质的技术型人才匮乏,而中国劳动力丰富,因此中蒙俄之间可以进行劳动力资源的自由流动,最终实现资源的互补;各成员国之间自然资源的自由流动,也可以实现各成员国之间自然资源的互补,使自然资源得到充分利用;另外,三个成员国在经济合作中,可以相互学习、取长补短、共同进步。这会使生产要素得到充分利用,减少资源的浪费,优化资源配置结构,提高三国的资源优化配置效应。

### 4.2.2.5 产业集聚效应的实现机制

产业集聚效应形成机制有：第一，地理位置可以影响集聚效应。产业集聚现象一般发生在区域内，指的是经济中的空间地理位置上的集聚。如果企业空间地理位置较近，那么运输成本就会降低，而且各企业之间可以面对面交流和竞争，也可以实时共享信息。举例来讲，多特蒙德汇集了德国的钢铁生产企业，佐林根汇集了德国的刀具生产企业，雷姆萨伊德汇集了德国的工具车床生产企业。中蒙俄三国相互毗邻，地理位置相对优越，贸易创造效应的作用更加明显。第二，企业间分工。大多数企业没有实现一体化生产，而只参与产品生产链中的某一过程。例如，浙江苍南县金乡镇就是标牌生产企业聚集的典型地区，但是标牌生产的所有过程，都是由不同的企业来完成的，整个过程大约有800家企业来合作完成，每个企业生产半成品，然后在市场中交易。第三，完整的产业链。产业集聚是一个经济组织系统，它包括产品从投入到产出乃至流通的全部过程。此经济组织系统中的所有企业具有前后或横向关系。各企业之间具有明确的分工，这也决定了集聚效应的本质特征。集聚效应实际上就是在商品生产过程中，各企业之间分工明确，一家企业只负责和参与商品生产的某一部分。在整个过程中，生产企业占主要地位，但是同时还包括了一些为保证生产的顺利进行而提供服务的机构，大学、研究及咨询公司这样的机构，生产企业与辅助性机构构成了利益共同体。

"中蒙俄经济走廊"的建立，有利于改变三个成员国的经济发展方式，改善产业结构。从现在来看，俄罗斯存在严重的产业结构不平衡现象，轻工业和重工业比例失去平衡。在俄罗斯，经济发展主要集中于军事工业、能源工业和重工业等，而很少将视线集中在轻工业。俄罗斯也试图调整产业结构，将轻工业也确定为发展重点。现在俄罗斯正大力发展纺织、服装等行业，这些行业在我国发展已经相对成熟，国内市场也非常稳定。"中蒙俄经济走廊"的建立，扩展了这些企业的发展范围，对中国剩余产能的输出也有着积极的影响。如果中国向俄罗斯输出这些产业，一定会有很好的发展空间，销售额也一定会有所保证，如果中国向俄罗斯输出技术、设备和工艺,也会提高自身的生产技术,使投资结构得到优化;站在俄罗斯角度,一方面,满足了国内市场需求,另一方面,与中国展开技术方面的合作,可以对这些技术进行改造,升级生产设备,使轻工业得到进一步发展,缓解产业结构不平衡的现状。

产业集聚的基础在于地缘优势,满洲里作为接壤国际通道的接口,有自己得天独厚的地域优势,作为欧洲和亚洲共享的交通枢纽通道,和俄罗斯北通、蒙古国西接;作为首要的大陆运输货物的通道,这一优势承担着全国半数以上的货物运输量,与俄罗斯和蒙古国合作的契机就是这些资源运转和产量输出,落实了国家近年来提倡的沿边地区开放互联的政策。满洲里发展的基础就是发展口岸基础设施建设,在陆运、水运、空运集约化管理的基础上形成具有自己体系的口岸运输体系。"一带一路"已经覆盖了多个省份和地域,西南、东北、华南颇为显著,其余地域次之,例如苏杭、天津、昆明、广州等地,纷纷开通了经过满洲里最终通向俄罗斯和欧洲的货物运输线路,带动了中欧的货运线路,譬如中欧的"苏满欧"线路,形成了将近 20 条线路的主干货物运输,成为中国首屈一指的沿边口岸运输线路,满洲里也在不断发展,从最初的木材运输,到后来的木材加工产地,这一系列变化使满洲里成为进口木材集聚生产的龙头老大。

黑龙江省利用自身得天独厚的能源优势,可以在跨境能油气资源运输上加大发展力度,设备制造业也应该是着重发展的对象,运输机器和货物直升机以及传统汽运,都应该作为推动设备制造业发展的产业;俄罗斯有大量的动植物资源,对于生物医药研究有着重要的影响,如果能在这方面投入资源进行研究,未来会成为一项具有潜力的贸易模式。"中蒙俄经济走廊"建设,可以利用俄罗斯农业方面的资源优势,与俄罗斯农业生产深入接轨,对绿色生态食品进行加工,形成跨境生态产业链。随着东北和俄罗斯相关地区科技力量的逐渐增强,在科技方面中俄进行科技改造和重工业航天技术升级,也是合作的趋势,同时在制造业和医药传统加工行业方面也应该逐步进行扩容。

# 5  "中蒙俄经济走廊"建设
## 经济效应的实证分析

中蒙俄之间的关税和非关税壁垒会随着"中蒙俄经济走廊"的建设而有较大幅度的削减,这将对三个国家的生产、消费以及贸易产生巨大的影响。本章将在第 2 章和第 4 章理论分析的基础上,运用 GTAP 模型对"中蒙俄经济走廊"建设的经济效应做事前模拟分析。

目前"中蒙俄经济走廊"的建设仍在探索中,如第 1 章文献综述所述,已经有很多学者就"中蒙俄经济走廊"的建设问题展开了讨论,但没有学者用 GTAP 模型对"中蒙俄经济走廊"建设的经济效应进行模拟预测分析,本章将运用 GTAP 模型和最新版(第九版)数据库对"中蒙俄经济走廊"建设的经济效应进行模拟预测分析,而且详细分析了"中蒙俄经济走廊"建设对中国具体的产业冲击,有利于制定合理的产业政策。而事后估计法主要是运用贸易引力模型对已经建立的自贸区在实施的若干年内对经济产生的影响进行分析,关于用贸易引力模型分析"中蒙俄经济走廊"建设所产生的贸易潜力详见第 6 章分析。

## 5.1  "中蒙俄经济走廊"建设经济效应的衡量指标体系

为实证分析"中蒙俄经济走廊"建设可能产生的经济效应,在第 2 章区域经济一体化理论和经济效应理论,第 4 章"中蒙俄经济走廊"建设经济效应的形成与实现机制分析的基础上,对短期静态效应和长期动态效应进行实证分析。短期静态效应,可以通过贸易扩大效应、贸易条件效应、贸易结构效应、社会福利效应指标进行衡量。长期动态效应,主要是通过生产效应和经济增长效应两个指标进行衡量。"中蒙俄经济走廊"建设经济效应的衡量指标体系如下。

### 5.1.1 贸易扩大效应

贸易扩大效应是指区域经济一体化组织建立后,区域内成员国之间削减或取消各种关税和非关税壁垒,有利于成员国之间开展贸易活动,从而使成员国之间的贸易规模得以扩大,区域内的贸易量得以增长,增加了成员国贸易的商品及服务种类,有利于成员国之间开展国际分工、有效配置国际资源。关税同盟理论认为贸易扩大效应的内容是成立区域经济一体化组织后,无论是在贸易创造还是贸易转移的条件下 X 商品如果在本国生产,价格相对较高。因此,如果 X 商品的进口需求弹性大于 1,那么本国对 X 商品的进口数量会增加,这就是贸易扩大效应。所以这是从需求方面分析贸易扩大效应。无论是在贸易创造还是贸易转移的情况下,都存在使需求扩大的效应,从而都能产生扩大贸易的效应。所以贸易扩大效应减去贸易转移效应等于贸易创造效应。假设世界分为三个部分:甲国、乙国和外部世界,都生产商品 X。如图 5-1 所示,$DD$ 和 $SS$ 分别表示甲国 X 商品的需求曲线和供给曲线。$H$、$U$ 和 $W$ 分别表示甲国最初价格、乙国价格和外部世界价格。区域经济一体化组织成立前,甲国以价格 $H$ 生产 $q_1$,消费 $q_2$,进口 $q_1 q_2$;区域经济一体化组织成立之后,价格从 $H$ 下降至 $U$,国内生产下降至 $q_3$,消费上升到 $q_4$,进口上升到 $q_3 q_4$,扩大的贸易量为 $q_1 q_3 + q_2 q_4$。

### 5.1.2 贸易条件效应

一般情况下,某个国家出口商品价格和进口商品价格之间的比值称为贸易条件。我们可以通过这个比值看出该国家经济福利受价格相对变

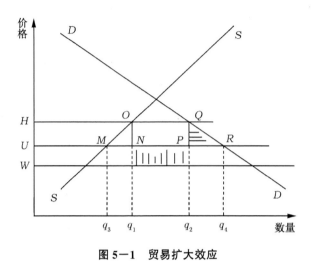

**图 5—1 贸易扩大效应**

化的影响程度。"中蒙俄经济走廊"的建设产生了贸易转移效应,会使得成员国与非成员国之间的贸易互惠需求结构发生明显变化,进而导致成员国之间的贸易条件随之发生变化。假设其他条件不改变的情况下,随着不同国家互惠需求转移的增加,贸易条件的改变程度也会随之增加,即互惠需求的弹性大小与贸易条件的改变有着不可分割的关系。贸易商品的供给和需求弹性影响着互惠需求弹性的大小。计算公式如下:

$$N = P_x / P_m \times 100 \qquad (5-1)$$

式中,$N$ 表示贸易条件指数,$P_x$ 表示出口价格指数,$P_m$ 表示进口价格指数。

如果贸易条件指数大于 100,说明出口价格比进口价格相对上涨,出口同量商品能换回比原来更多的进口商品,该国的该年度贸易条件得到改善;如果贸易条件指数小于 100,说明出口价格比进口价格相对下跌,出口同量商品能换回的进口商品比原来减少,该的该年度贸易条件恶化了。

### 5.1.3 贸易结构效应

一定时期内贸易中货物贸易和服务贸易的组成状况就叫作广义的贸

易结构,一般称为贸易结构。一定时期内货物贸易中每种商品的组成状况就叫作狭义的贸易结构,一般称为商品贸易结构。该指标能够衡量该国的比较优势、工业化程度以及在国际分工中的地位,同时也是反映该国对外贸易质量的重要指标。生产力因素、生产关系、自然资源、人力资源、科技资源是贸易结构的重要影响因素。

我们把"中蒙俄经济走廊"的建设对成员国贸易现状的影响叫作贸易结构效应。自从"中蒙俄经济走廊"建立以后,区域内各成员国的贸易规模和贸易结构都发生了很大的改变。贸易结构效应的产生与"中蒙俄经济走廊"的建立有着不可分割的关系。由于关税壁垒的消除,成员国出口部分的优势逐渐显现出来,贸易结构也相应发生了改变。

### 5.1.4　社会福利效应

社会福利效应是指区域经济一体化的建立对一国社会福利将会带来的影响。一般来说,贸易创造效应是区域经济一体化的主要经济效应,它的积极作用明显超过贸易转移效应的消极影响。但就其所带来的福利效应而言,不同国家的生产者和消费者并不是相同的。对于不同的出口国来说,组成区域经济一体化,低成本出口国出口增加,产量上升,贸易创造效应明显大于贸易转移效应,福利效应增加。

区域经济一体化建立后,各类商品在不同阶段将会降低或者取消关税,商品价格下降,消费者消费支出就会逐步减少,消费者剩余逐步增加。而且协议双方削减一定数量的关税和非关税壁垒,就会增加两国消费者的福利效应。此外,降低关税可以进口更多的产品,消费者有更多的商品可以选择,商品的价格下降,大大刺激两国消费者的消费需求,从而增加社会福利效应。对于需求弹性和供给弹性较大的商品,关税降低后,消费者剩余增加,而生产者剩余将减少,社会福利的净效应将越来越高。从以上分析可以得出结论:区域经济一体化建立后产生的净福利效应等于增加的消费者剩余减去减少的生产者剩余。中蒙俄三国的贸易量会随着"中蒙俄经济走廊"的建立而快速增长,三个国家的资源配置也会随之提高。这种变化会给三个国家的消费者带来更加廉价的进口商品,能够使消费者多样化选择的需求得到满足,在此基础上,三个国家的整体福利水平会得到明显提高。

### 5.1.5　经济增长效应

经济增长通常是指"在一个较长的时间跨度上,一个国家总产出、人均产出(或人均收入)水平的持续增加,总产出通常用国内生产总值(GDP)来衡量"。较早的文献中是指一个国家或地区在一定时期内的总产出与前期相比实现的增长。[①] Baldwin(1989)深入研究了欧洲大市场的建立对经济所产生的动态效应,指出产业活动条件会随着生产组织方式的改变而发生变化,继而引发一连串的效应;不仅增加了市场中的产品种类,而且加快了市场一体化的进程;很多企业随之进入市场等。说到底,在经济市场中,生产组织方式扮演着至关重要的角色,它的演进过程代表着生产的均衡移动,也是一种良性循环机制,不仅能够提高生产率,而且还能使收入有所提高。在实际市场经济中,只有生产专业化达到一定程度,分工足够明确才能使得利润呈增加趋势。由于产业间的分工逐步扩大,有代表性的企业及其产业的优越性逐渐被削弱。这些有代表性的企业的经济从外部和内部两方面向专业化方向发展,并逐渐衍生出新的经济形式,来补充旧的经济形式。所以在产业之间形成明确的劳动分工,可以使收益形成递增趋势。从长久来看,经济增长效应就是随着这些变化而逐渐变化的。另外资本积累的作用在大多数情况下可以用经济增长模型来解释,但是市场规模扩张和竞争加剧所引起的资本积累在区域经济一体化研究中很少被提及。针对此情况,Baldwin 认为资本积累对经济增长有着积极的影响。如前面 4.2.2.4 节所述,总结经济增长的源泉可以用公式(5-2)表述。

$$Y=F(L,K,T,R) \tag{5-2}$$

---

[①]　高鸿业:《西方经济学》(宏观部分),中国人民大学出版社 2000 年版,第 547 页。

式中,$Y$ 表示经济增长,$L$ 表示劳动,$K$ 表示资本,$T$ 表示技术进步,$R$ 表示资源配置。

### 5.1.6 生产效应

成员国国内生产结构会随着贸易扩大效应和贸易转移效应进行相应的调整,这称为生产效应。区域经济一体化组织成立以后,不同成员国之间的贸易联系和贸易量都会有所增加,不同国家的分工得到进一步深化,从而使得与生产产品相应的生产要素在区域内有效流动,使得在区域内形成了一体化的生产要素集聚。这种通过生产要素的流动以及重新匹配的过程所引发的生产结构的变化称为生产效应。

生产效应即征收关税对进口国进口替代品生产的影响。小国征收进口关税后,由于进口品价格提高了等同于关税额的水平,因而刺激进口替代品的生产扩张,又称替代效应或保护效应。关税越高,保护程度也越高。当关税提高到禁止性关税时,关税的保护效应发挥得最完全。

## 5.2 GTAP 模型介绍

美国普渡大学研究开发的 GTAP 模型是一种国家间可计算一般均衡模型,主要用来分析由于国家间政策的变化对各国经济所造成的影响,而且这种影响能够使用多国多部门的数据来进行模拟,所以贸易自由化和区域经济一体化领域衡量贸易协定的签订对成员国和非成员国带来的影响时,广泛应用 GTAP 模型,因为该模型能够准确、定量地显示。[①]GTAP 模型所采用的分析模型是源于古典经济理论设计的多国多部门应用一般均衡模型。目前这个模型已经成为贸易政策分析的最主要工

---

① 刘冰、陈淑梅:《RCEP 框架下降低技术性贸易壁垒的经济效应研究》,《国际贸易问题》2014 年第 8 期。

具。① 这个模型首先会将每一个国家不同的模块进行分类,建立子模块,例如生产、消费等,然后通过国际间的贸易关系将多个国家与部门间的模块进行评估,形成一个均衡的发展模式。在均衡理论中其将整个经济的发展视作一个整体,对整个体系间不同要素之间的相互作用与关系进行研究。这个模型分析的前提是假设市场是完全自由竞争的,且生产的规模报酬不变。在这两个假设下,生产者以生产成本最小化原则进行生产,而消费者以效用最大化原则进行消费。在此基础上,所有产品和投入要素市场全部出清,这种状态下的内生变量数值大小由总供给和总需求共同决定。在该模型中还有以下假定:土地、非熟练劳动力、熟练劳动力、自然资源以及资本,是五种必备的生产要素。私人家庭、厂商和政府是三个代表性主体。用固定弹性替代函数(Constant Elasticity of Substitution, CES)代表生产函数,假设在国内劳动力可以自由流动,但是土地在主体之间不能够自由流动。根据阿明顿(Armington)假说,进口商品和国内生产的商品之间并不能够完全替代,国家间的联系主要通过商品贸易和资金流动建立。

GTAP 模型结构图见图 5-2。具体来说,我们假设每一个国家都只存在一个账户,即图 5-2 中的"区域部门",所有收入积聚到这个账户中,包括税收、资本收入、劳动力收入、金融收入等。假定该国家或地区的私人部门与政府部门两个主体的消费和储蓄行为都是由该地区或国家的区域部门所决定,其中"区域部门"中的私人支出和政府支出可以分为购买进口产品和国内产品两个部分,并且厂商的部分中间投入物也来自进口。产品销售同样可以分为内销和外销两个部分。在 GTAP 模型中假定不同地区的产品是非同质的,因此产品之间不能完全相互替代(阿明顿假说)。我们假设一个国家或地区的全部储蓄都在一个虚拟的世界银行中,该银行可以决定投资的方向。所以经济行为主体的收入与支出相等。那

---

① Thomas W. Hertel and Marinos E. Tsigas. Structure of GTAP. draft of Chapter 2,*Global Trade Analysis:Modeling and Applications*,Cambridge University Press,1997.

么根据该会计恒等式以及市场均衡方程可以构成封闭体系下的均衡。其中,"区域部门"的账户内的收入分为三大部分,分别是存款、私人消费和政府消费。

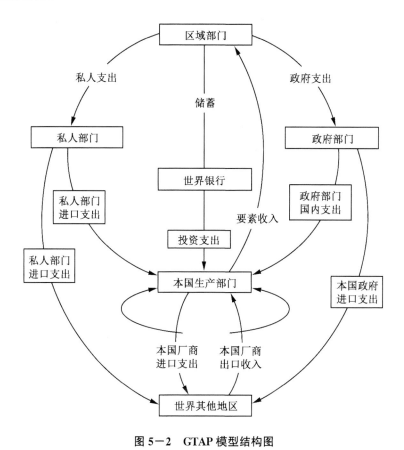

图 5—2　GTAP 模型结构图

在这里,采用 CDE 效用方程代表"区域部门"的支出方程,而采用柯布—道格拉斯(Cobb-Douglas Utility Function,CD)方程形式代表政府的效用方程:

$$U = AX^a Y^{1-a} \tag{5—3}$$

式中,$U$ 代表效用,$A$ 代表所采用的技术水平参数,$X$ 和 $Y$ 为对应的产品,$a$ 为 $X$ 产品在 $U$ 中的比例。

　　在 GTAP 模型中,最主要的部门是世界银行和国际运输部门,世界银行负责汇总各个国家的储蓄,然后根据资本的运行状况对资金进行分配。不同地区间的产品运输服务由"国际运输部门"承担,平衡不同区域间产品的价格差异,通过双边贸易的方式来将各个地区紧密地联系在一起。同时在 GTAP 模型中还存在进出口中的关税、运费以及政府的补贴。在这个模型中,所有商品的价格公式如下所示:

$$P^{FOB} = P^{EX}(1+T^{EX}) \tag{5-4}$$

$$P^{CIF} = P^{FOB}(1+F) \tag{5-5}$$

$$P^{IM} = P^{CIF}(1+T^{IM}) \tag{5-6}$$

　　式(5—4)为出口港货物价格的计算公式,式(5—5)为进口港货物价格的计算公式,$P^{Ex}$ 和 $P^{IM}$ 表示出口和进口商品国内价格,$T^{EX}$ 和 $T^{IM}$ 分别表示出口和进口关税,$F$ 代表运费。

　　GTAP 模型将国民经济中的各个组织有机地联系在一起,在产品的生产上主要是通过以下方程进行:

$$X = (a_L L^b + a_K K^b)^{1/b} \tag{5-7}$$

　　式中,$X$ 代表卖出的产品,$L$ 为本产品制造过程中付出的劳动,$K$ 为本产品制造过程中付出的资本,$a_L$ 和 $a_K$ 分别表示劳动投入与资本投入在产出中所占的份额,$b$ 代表投入要素劳动与资本间的不变替代弹性。

　　各个国家在 GTAP 模型中通过贸易进行关联,本地区内生产的产品和其他地区的外来产品是不完全替代品,其符合阿明顿假说,可以通过不变替代弹性来表达其方程。一个国家在完成其经济模型后,会注入一定的商品与贸易的资金,进而构筑一个多国经济模型。在这种状况下,进口产品与国内产品之间存在替代关系,主要是通过阿明顿假说对这些产品进行复合,将其视作不同的产品,并且不能完全的相互替代。其表达式为:

$$X = (a_L X_m^b + a_K X_d^v)^{1/b} \tag{5-8}$$

　　式中,$X$ 为某一市场上供应产品,$b$ 为进口替代弹性,$v$ 为国内产品与进口产品替代弹性,$X_m$ 和 $X_d$ 分别为进口产品和国内产品,$a_L$ 和 $a_K$ 分别表示劳动投入与资本投入在产出中所占的份额。

价值型投入产出表是在对价格进行综合考虑后,对各种产品投入来源以及趋向进行表征。主要是从纵向与横向两个角度进行考虑的,横向主要分析角度是不同部门间对产品的使用以及分配的状况,纵向是该部门对产品价值的一个形成过程。投入的产出模型可以表示如下:

$$AX + Y = X \tag{5-9}$$

式中,$A$ 代表消耗系数矩阵,$X$ 为不同部门总产值列向量,$Y$ 为最终产品列向量。

价值构成模型为:

$$A^T X + V + M = X \tag{5-10}$$

式中,$A^T$ 代表矩阵 $A$ 的转置,$V$ 为劳动所得到的报酬,$M$ 为余下的产品。

在如今的发展中,GTAP 模型已经广泛地应用于农业、贸易、环境等政策上,用来判断其对各个部门间造成的一系列综合影响。本节主要是运用 GTAP 模型在"中蒙俄经济走廊"建设的经济效应方面进行实证分析。

## 5.3 数据来源与模型设定

根据研究目标,本节采取以下步骤:

### 5.3.1 数据来源

GTAP 模型主要由模型主程序和模型数据库两个部分组成。模型数据库提供各个国家或地区经济运行的主要数据及进出口数据,为主程序的运行提供数据支持。GTAP 模型拥有自己独立的数据库、模型和支持软件。本书所构建的模型属于标准静态 GTAP 模型,所采用的数据库为最新版(第九版)数据库,由普渡大学在 2015 年正式发布,该版本数据库包括了全球 140 个国家、57 个行业的投入产出基础数据,各国之间完整的双边贸易、运输和贸易壁垒数据,以及碳排放和能源数据。

### 5.3.2 模型设定

(1)在区域设定方面,为模拟中蒙俄三国在"中蒙俄经济走廊"建设中的经济效应情况,同时还要考虑到"中蒙俄经济走廊"建立后,哪些国家和地区可能会受到影响,本书在本次的模拟分析中将其数据库中的国家划分为 10 个国家和地区,即中国、俄罗斯、蒙古国、印度、东盟、美国、日本、英国、欧盟 26 国、世界其他地区。

(2)同时将 57 个产业划分为 16 个不同的部门:农业、煤炭、石油、天然气、纺织服装、化工行业、钢铁行业、金属制品业、汽车及零部件、其他运输设备、电子产品设备、机械设备、其他制造业、电热水服务业、贸易运输服务、其他服务业。[①]

(3)在要素划分上,本书将 GTAP 数据库中的 8 种要素分为 5 类:土地、熟练劳动力、非熟练劳动力、资本和自然资源。[②]

(4)在政策冲击模拟方面,目前国内许多学者应用 GTAP 模型进行模拟时,一般假设当政策冲击时区域经济一体化组织的关税全部降为零,这一假定不仅不符合现实情况,而且没有考虑非关税壁垒以及 FDI 壁垒的影响,从而使模拟结果失去真实性。根据中蒙俄三国实际的经济发展,一般都会将自己国家中不同的产业作为敏感产业进行额外的安排。之所以要这样是因为这些产业自身具有非常大的特殊性,降税需要较长的时间,而且关税水平不能在短时间内进行大幅度下降,还要维持在一定的水平。[③] 根据三国实际情况,本研究假定中国的敏感产业为化工、汽车;俄罗斯敏感产业为农业、汽车制造业;蒙古国敏感产业为畜牧业和矿业。并

---

① 这 10 大类划分与 GTAP 初始给定的大类划分完全相同,这里就不再赘述。

② 这 5 种生产要素的划分与 GTAP 初始给定的大类划分完全相同。

③ 崔奇峰:《中国—东盟自由贸易区建立的经济影响分析》,南京农业大学 2009 年硕士学位论文。

设置以下两种情景分析其经济效应:情景一,三国在建立"中蒙俄经济走廊"后取消所有的关税,完全实现自由化的贸易;情景二,将三个国家敏感产业的关税进行适当的调整,可以减少为原先关税的一半,对于其他的产业关税则应该全部取消。

## 5.4 "中蒙俄经济走廊"建设经济效应的实证结果分析

GTAP 模型分析结果阐述了"中蒙俄经济走廊"建设的预期经济效应,模拟结果主要涵盖了贸易扩大效应、贸易条件效应、贸易结构效应、社会福利效应、经济增长效应、生产效应六个方面,本节主要从上述六个方面展开分析。

### 5.4.1 "中蒙俄经济走廊"建设对贸易扩大效应的影响度分析

推动区域经济一体化的目的之一就是促进各成员国的经济发展,提高其贸易总量,增加其进出口总额。如前面第 4 章贸易创造效应的实现机制所述,两国之间地理位置相邻,有共同边界,可以降低交易成本,产生贸易创造效应。"中蒙俄经济走廊"建立后,自贸区区域内成员国政府之间政治交流频繁,经济自由度提高,成员国之间的基础设施更加完善,区域内成员国之间互相削减关税,取消各种非关税壁垒,导致成员国贸易占 GDP 比重增大,贸易结合度指数增加,所以区域内贸易量增长,产生了贸易扩大效应。简单来说,贸易扩大就是关税的减免、非关税壁垒的消除提高了区域内各国家之间的贸易量和贸易规模。我们可以从两方面来理解:一方面,消除区域内部成员国之间的关税壁垒之后,商品成本较高的国家会选择从商品较低的国家进口商品,这使得商品成本价格较高的国家的进口需求量逐渐增多。另一方面,消除区域内部成员国之间的关税壁垒之后,区域内部成员国之间的经济往来更加频繁,这样造成的结果是各个国家宁愿选择区域内国家的低成本商品,放弃区域外的低成本商品。这样使得区域内成员国对非成员国的市场依赖性逐渐降低,内部成员国与外部非成员国之间的贸易量也减少。

从表5-1和表5-2可以看出,相对于情景1,俄罗斯的贸易扩大效应最大,其中出口和进口分别增加了0.75%和1.87%,中国出口增加了0.18%,进口增加了0.39%,蒙古国出口下降了2.00%,蒙古国进口增加了2.85%;相对于情景2,蒙古国的贸易扩大效应最大,出口和进口分别增加了0.57%和5.75%,然后是俄罗斯,出口和进口增加了0.08%和1.73%,中国出口和进口增加了0.01%和0.36%。由此可知,不管选用何种发展模式进行模拟,三个国家通过降低关税可以极大地降低产品的价格,进一步增加了产品的销售数量,极大地推动了三个国家的经济发展,提高了经济效应,对成员国的经济发展与国家的长远发展都是非常重要的。

表5-1 "中蒙俄经济走廊"建设对出口的影响

| 国家 | 情景1 | | 情景2 | |
|---|---|---|---|---|
| | 增加值(百万美元) | 比例(%) | 增加值(百万美元) | 比例(%) |
| 中国 | 3 838.00 | 0.18 | 774.50 | 0.01 |
| 俄罗斯 | 4 178.81 | 0.75 | 1 521.50 | 0.08 |
| 蒙古国 | −123.78 | −2.00 | 49.82 | 0.57 |

资料来源:GTAP模型模拟结果。

表5-2 "中蒙俄经济走廊"建设对进口的影响

| 国家 | 情景1 | | 情景2 | |
|---|---|---|---|---|
| | 增加值(百万美元) | 比例(%) | 增加值(百万美元) | 比例(%) |
| 中国 | 7 154 | 0.39 | 6 651 | 0.36 |
| 俄罗斯 | 6 789 | 1.87 | 6 290 | 1.73 |
| 蒙古国 | 403 | 2.85 | 396 | 5.75 |

资料来源:GTAP模型模拟结果。

### 5.4.2 "中蒙俄经济走廊"建设对贸易条件效应的影响度分析

贸易条件是用来衡量在一定时期内一个国家出口相对于进口的盈利

能力和贸易利益的指标,一般以贸易条件指数表示。贸易条件指数上升,
意味着出口产品价格相对于进口产品价格提高了,即出口同样多的产品
可以交换到更多的进口产品,贸易条件得到改善,对于本国的经济发展是
有利的;相反则不利于本国的经济发展,表示该国在国际的竞争中处于劣
势。通过表5−3数据的分析可知,在两种情景中,蒙古国和俄罗斯的贸
易条件趋于恶化,蒙古国无论在情景1或情景2中,贸易条件都恶化了
20,俄罗斯在情景1中,贸易条件恶化了30,在情景2中,贸易条件恶化了
70,而中国相对而言处于有利的地位,其中中国的贸易条件改善最为突
出,无论在情景1中或情景2中,贸易条件都改善了40。

**表5−3** "中蒙俄经济走廊"建设对贸易条件的影响

| 国家 | 情景 1 | 情景 2 |
|------|--------|--------|
| 中国 | 140 | 140 |
| 俄罗斯 | 70 | 30 |
| 蒙古国 | 80 | 80 |

资料来源:GTAP模型模拟结果。

进出口商品的价格受进出口商品需求变化的影响,进而进一步影响
贸易条件。以某种特定商品为例,影响该商品需求的因素有很多种。根
据宏观经济学的相关原理,一个国家的经济发展水平是决定这个国家进
口需求的主要因素。而国外的经济发展水平是决定一个国家出口商品需
求的主要因素。在传统的西方经济学理论中,对于一个小国而言,贸易条
件的变化并不是由经济增长所导致的。而对于一个大国而言,在贸易逆
差的情况下,这个大国的贸易条件在经济增长(即出口贸易增长)的同时
不会降低,反而会有一定程度的上升。根据第3章的分析,中蒙之间贸易
存在逆差,所以改善了中国的贸易条件。

"初级产品主要由发展中国家出口,而工业品主要由发达国家出口,
这个因素改变的是进出口商品的种类和比例构成,而不是某些进出口商
品的价格。由于出口商品的加权平均价格和进口商品的加权平均价格共

同决定贸易条件,因此,当进口或出口商品的构成比例发生变化时,即使各种商品价格本身不发生变化,同样也会改变进口或出口商品的加权平均价格,从而进一步改变一国的贸易条件。"这是贸易条件恶化论观点的一个重要依据。所以根据贸易条件恶化论观点,蒙古国和俄罗斯在中蒙俄三国产业分工体系中处于价值链低端位置,是导致蒙古国和俄罗斯贸易条件恶化的主要原因。中蒙俄三国产业分工体系中,蒙古国和俄罗斯主要从事附加值低的工序和生产环节,这类产品的特点是附加值和技术含量较低,具有较高的可替代性。而蒙古国和俄罗斯进口的产品,多是技术、资本密集型的中间产品,该类产品的价格经常是缺乏弹性,并且易受出口国垄断因素影响,致使蒙古国和俄罗斯的进口产品价格一直居高不下。建立"中蒙俄经济走廊"后,中国对蒙古国和俄罗斯的投资便利性得到有效增强,低端工业制造品在蒙古国和俄罗斯面临更加激烈的竞争。同时,这类出口产品的价格具有外生性,导致生产国家缺乏议价的能力。当前蒙古国和俄罗斯的劳动力相对较为稀缺,导致劳动力的价格和成本升高,但是由于在产品中缺乏定价权,增加的生产成本无法自然传导到两个国家出口商品的价格上,这是导致蒙俄贸易条件下降的主要原因。

### 5.4.3 "中蒙俄经济走廊"建设对贸易结构效应的影响度分析

表5—4　　　　　"中蒙俄经济走廊"建设对行业出口的影响　　　　单位:%

| 行业 | 情景1 | | | 情景2 | | |
|------|------|--------|--------|------|--------|--------|
| | 中国 | 俄罗斯 | 蒙古国 | 中国 | 俄罗斯 | 蒙古国 |
| 农业 | 0.68 | 4.33 | 5.36 | −0.03 | 4.27 | 1.00 |
| 煤炭 | −0.49 | −0.02 | −1.65 | −0.51 | 0.04 | −1.63 |
| 石油 | −0.09 | −0.30 | −1.11 | −0.16 | −0.06 | −1.10 |
| 天然气 | 0.17 | −0.45 | −50.18 | 0.05 | −0.29 | −50.14 |
| 纺织服装 | 1.27 | 5.56 | 32.51 | 1.30 | 5.64 | 32.85 |
| 化工行业 | 0.28 | 1.97 | 22.71 | 0.26 | 1.27 | 11.80 |

续表

| 行业 | 情景 1 | | | 情景 2 | | |
| --- | --- | --- | --- | --- | --- | --- |
| | 中国 | 俄罗斯 | 蒙古国 | 中国 | 俄罗斯 | 蒙古国 |
| 钢铁行业 | 0.56 | 1.28 | 15.08 | 0.57 | 1.41 | 15.19 |
| 金属制品业 | 0.41 | 1.97 | −3.32 | 0.43 | 2.09 | −3.21 |
| 汽车及零部件 | 1.35 | 1.91 | 0.85 | 0.40 | 1.70 | 0.86 |
| 其他运输设备 | −0.07 | 4.14 | 8.29 | −0.04 | 4.06 | 8.41 |
| 电子产品设备 | −0.50 | 3.94 | −2.20 | −0.47 | 3.89 | −2.12 |
| 机械设备 | −0.05 | 4.17 | 8.28 | −0.02 | 3.45 | 7.16 |
| 其他制造业 | 0.28 | 2.51 | 5.88 | 0.31 | 2.51 | 5.75 |
| 电热水服务业 | −0.77 | 0.65 | −2.74 | −0.76 | 0.75 | −2.59 |
| 贸易运输服务 | −0.44 | 0.33 | −5.22 | −0.42 | 0.39 | −5.10 |
| 其他服务业 | −0.72 | 0.47 | −9.92 | −0.70 | 0.55 | −9.74 |

资料来源:GTAP 模型模拟结果。

从表 5—4 可以看出,在中国,服装行业的增长相对比较明显。对于中国而言,纺织行业是一个具有比较优势的传统行业,通过国际贸易可以充分发挥行业优势,进一步增加其收益;其次是农产品,这是因为国家在不断增加农产品的投入,注重粮食安全问题,不断对农业生产结构进行调整,提高我国农产品的综合竞争实力,而且随着成员国间关税幅度的不断下降,我国农产品的发展将会出现一个更加广阔的前景;这些数据表明,劳动密集型产品将成为我国主要出口产品,是我国劳动要素禀赋相对富裕的体现,但随着我国对高新技术产品政策性扶持倾斜,技术型产品开始显露头角,这是因为国家不断投入资金,引进更加先进的设备与技术资源,将原先优势不突出的产业进行逐步完善,综合实力得到很大增强,面对激烈的国际环境时更加游刃有余,所以我国应该充分抓住这个有利时机,对我国产品出口结构进行调整。在资本和技术密集型产品中,汽车及零部件的增长最为显著,为 1.35%,金属制品、化工、钢铁等制造业方面出口有不同程度的增加,在资源密集型产品中,石油、煤的出口会减少。

俄罗斯的主要出口商品构成为燃料和矿物产品、化学品、铁钢等贱金属制品、农产品等。从表5—4可以看出,出口的影响对俄罗斯而言,相对于基准方案,农产品增长了4.33%,化工行业增长了1.97%,钢铁行业增长了1.28%,金属制品增长了1.97%,这些都是俄罗斯主要出口产品,"中蒙俄经济走廊"建立后,这些产品取消关税,进一步促进这些产品的出口。俄罗斯政府于2016年3月颁布了"反危机计划",加速经济结构调整,计划强调重点扶持农业、住房建设和汽车制造业等领域,汽车及零部件也增长了1.91%。

蒙古国的矿产、燃料等资源密集型产品以及农畜产业出口非常具有优势,因为蒙古国草原辽阔,畜牧业发达,拥有丰富的自然资源。蒙古国出口非常具有优势的产业是燃料以及原料、金属矿产、矿物原料、农业原材料,具体主要涉及的细化产品分类有铁钢等贱金属制品、牛羊生皮及熟皮、牛羊畜毛及其制品、宝石等。从表5—4可以看出,出口的影响对蒙古国而言,相对于基准方案,农业的增长较为显著,农产品增幅为5.36%,钢铁行业增幅也较大,为15.08%。

表5—5　　　　　　"中蒙俄经济走廊"建设对行业进口的影响　　　　　单位:%

| 行业 | 情景1 | | | 情景2 | | |
|---|---|---|---|---|---|---|
| | 中国 | 俄罗斯 | 蒙古国 | 中国 | 俄罗斯 | 蒙古国 |
| 农业 | 0.79 | 0.82 | 12.55 | 0.76 | 0.32 | 11.44 |
| 煤炭 | 0.18 | 0.49 | −0.54 | 0.20 | 0.25 | −3.70 |
| 石油 | −0.05 | 0.63 | 16.99 | 0.00 | 0.21 | 11.88 |
| 天然气 | −0.02 | 0.68 | 18.95 | 0.00 | 0.45 | 18.95 |
| 纺织服装 | 0.81 | 9.95 | 4.48 | 0.81 | 9.93 | 4.46 |
| 化工行业 | 0.56 | 1.34 | 1.26 | 0.43 | 1.24 | 1.27 |
| 钢铁行业 | 0.44 | 3.56 | 5.40 | 0.43 | 3.51 | 5.43 |
| 金属制品业 | 0.32 | 3.56 | 7.64 | 0.32 | 3.53 | 7.64 |
| 汽车及零部件 | 0.43 | 0.52 | 4.41 | 0.38 | 0.22 | 4.41 |

续表

| 行业 | 情景 1 | | | 情景 2 | | |
|------|------|--------|--------|------|--------|--------|
| | 中国 | 俄罗斯 | 蒙古国 | 中国 | 俄罗斯 | 蒙古国 |
| 其他运输设备 | 0.66 | 0.53 | 9.43 | 0.63 | 0.48 | 9.41 |
| 电子产品设备 | 0.15 | 1.54 | 10.67 | 0.15 | 1.50 | 10.64 |
| 机械设备 | 0.49 | 1.35 | 8.25 | 0.47 | 1.29 | 8.23 |
| 其他制造业 | 0.50 | 13.35 | 7.02 | 0.48 | 13.29 | 6.99 |
| 电热水服务业 | 0.41 | 0.22 | 11.08 | 0.40 | 0.12 | 8.74 |
| 贸易运输服务 | 0.27 | −0.16 | 5.40 | 0.26 | −0.20 | 5.32 |
| 其他服务业 | 0.36 | −0.15 | 7.45 | 0.35 | −0.19 | 7.36 |

资料来源:GTAP 模型模拟结果。

从表5-5可以看出,相对于基准方案,三个国家在进口产品的数量上都呈现显著增加趋势。我国的进口商品主要分布在矿产品、木制品、化工产品、机电产品、金属及制品等,接卸运输设备依然占据较大份额,但不能忽视的是对燃料、润滑油及原料、矿物的进口。我国国内市场对燃料及矿产品的进口需求有着较强的依赖性;我国对一些重要农产品和化学品进行进口,以满足国内的需求,例如大米、新型特效医药产品等。由于我国国内资源供给存在缺口,以及对技术含量较高的机械设备的需求较高,为满足我国经济发展的需要,我国对资源和先进的机械设备的进口占据着我国进口贸易的重要地位。

从表5-5可以看出,俄罗斯的进口产品主要集中在机械和运输设备、化工产品、农产品等产品上,从农产品贸易结构上看,我国向俄罗斯出口的农产品主要为水产品、蔬果及其制品等,而俄罗斯对纺织品及原料、服装等轻工业品的进口增长也较快。这是由于俄罗斯地大人少,在轻工业等劳动密集型产业上存在劣势,同时俄罗斯又重视重工业,所以无法满足国内的市场需求,必须进口一些基本生活资料才能满足国内市场的需求。

由于蒙古国人少地广,工业发展起步较晚,轻工业发展缓慢,必须进

口一些基本生活资料才能满足国内市场的需求。蒙古国进口的主要商品
大类是工业和轻纺制成品、燃料、食品,具体涉及产品分类有机电商品及
零配件、钢材及其制品、公路、航空及水路运输工具及其零件等生产资料
用品,还有服装、鞋帽、雨伞等纺织品、植物产品及食品等生活资料用品。
从表5-5可以看出,相对于基准方案,农业进口增长了12.55%,纺织服
装进口增长了4.48%,其他工业制成品均有不同程度的增长。

### 5.4.4　"中蒙俄经济走廊"建设对经济增长效应的影响度分析

"中蒙俄经济走廊"建设在消除贸易壁垒的同时,由此产生的投资效
应、规模经济效应以及竞争效应会拉动经济增长。经济增长效应主要来
源于生产的专业化、生产效率的提高以及资本积累。在表5-6中详细地
记录了"中蒙俄经济走廊"建设对三个国家经济增长效应的影响度分析。
从这些结果可以看出,无论采用何种模式,这种经济模式都可以刺激三国
的经济增长。情景1中"中蒙俄经济走廊"建设的经济增长效应相比情景
2效果更好,中蒙俄GDP的增长率依次为0.02%、0.59%和0.08%,从
数据可知,蒙古国的经济增长效应最明显。相比而言,情景2的经济增长
率均不高,依次为0.01%、0.57%、0.07%。造成这种现象的主要原因是
三个国家分别设置了敏感产业,使得中蒙俄三国对于本国内敏感产业的
进口受到不利影响,从而影响到"中蒙俄经济走廊"建设对三国的经济增
长作用。

表5-6　　　　　"中蒙俄经济走廊"建设对经济增长效应的影响　　　　单位:%

| 国家 | 情景1 | 情景2 |
| --- | --- | --- |
| 中国 | 0.02 | 0.01 |
| 俄罗斯 | 0.08 | 0.07 |
| 蒙古国 | 0.59 | 0.57 |

资料来源:GTAP模型模拟结果。

### 5.4.5 "中蒙俄经济走廊"建设对社会福利增长效应的影响度分析

"中蒙俄经济走廊"建设使三国的贸易数量普遍攀升,资源得到了合理的分配与利用,而且给消费者带来了极大的福利,消费者可以根据自己的需求选择个性化产品,提高了消费者满意度,有利于国家快速发展,人民福利提高。根据表5—7的模拟结果可知,情景1中,中国居民福利增加了33.335 3亿美元,俄罗斯增加了18.237 7亿美元,蒙古国增加了1.129亿美元;情景2中,中国增加了32.662亿美元,俄罗斯增加了17.188 2亿美元,蒙古国增加了1.100 7亿美元。在三个国家中社会福利效应增加幅度最大的是中国,然后是俄罗斯和蒙古国。

表5—7　　　　　"中蒙俄经济走廊"建设对社会福利增长效应的影响　　　单位:亿美元

| 国家 | 情景1 | 情景2 |
| --- | --- | --- |
| 中国 | 33.335 3 | 32.662 |
| 俄罗斯 | 18.237 7 | 17.188 2 |
| 蒙古国 | 1.129 | 1.100 7 |

资料来源:GTAP模型模拟结果。

### 5.4.6 "中蒙俄经济走廊"建设对生产效应的影响度分析

"中蒙俄经济走廊"建设不仅进一步扩大了三个国家的贸易规模,增加了彼此之间的贸易联系,而且从长远的角度上深化了三个国家的经济发展关联,使得三个国家分工更加明细,生产要素得到充分利用与分配,资源更加合理优化利用,促进了资源的再分配,形成产业的集聚效应,最终引起三个国家的产业结构不断调整、不断升级,最终形成一个优势互补、协同发展的贸易产业格局。[①]

---

① 周曙东、胡冰川、吴强等:《中国—东盟自由贸易区的建立对区域农产品贸易的动态影响分析》,《管理世界》2006年第10期。

表5—8　　　　　　"中蒙俄经济走廊"建设对生产效应的影响　　　　　单位:%

| 行业 | 情景1 | | | 情景2 | | |
|---|---|---|---|---|---|---|
| | 中国 | 俄罗斯 | 蒙古国 | 中国 | 俄罗斯 | 蒙古国 |
| 农业 | 0.04 | 0.12 | 0.46 | 0.01 | 0.20 | 0.28 |
| 煤炭 | −0.01 | 0.13 | −1.06 | 0.00 | 0.13 | −1.04 |
| 石油 | −0.07 | 0.08 | −1.11 | −0.08 | 0.06 | −1.10 |
| 天然气 | −0.01 | 0.13 | 0.06 | −0.03 | 0.11 | 0.05 |
| 纺织服装 | 0.64 | −7.48 | −8.45 | 0.65 | −7.45 | 8.68 |
| 化工行业 | −0.06 | 0.42 | −6.79 | −0.03 | 0.17 | −7.44 |
| 钢铁行业 | 0.01 | −0.17 | −4.95 | 0.01 | −0.14 | −4.88 |
| 金属制品业 | −0.11 | −0.12 | −3.64 | −0.11 | −0.06 | −3.54 |
| 汽车及零部件 | 0.07 | 0.16 | −1.31 | −0.01 | 0.39 | −1.24 |
| 其他运输设备 | −0.07 | −1.37 | −1.13 | −0.06 | 1.36 | −1.05 |
| 电子产品设备 | −0.44 | −1.73 | −0.02 | −0.43 | −1.69 | 0.02 |
| 机械设备 | −0.11 | −0.24 | 2.60 | −0.10 | −0.27 | 2.44 |
| 其他制造业 | 0.06 | −2.15 | 0.96 | 0.07 | −2.14 | 0.97 |
| 电热水服务业 | 0.06 | 0.33 | 5.46 | 0.05 | 0.31 | 5.49 |
| 贸易运输服务 | −0.04 | 0.04 | 0.85 | −0.04 | 0.04 | 0.87 |
| 其他服务业 | 0.00 | 0.03 | 0.57 | 0.00 | 0.04 | 0.57 |

资料来源:GTAP模型模拟结果。

　　表5—8的结果显示,经济走廊的建设对于三个国家生产效应的影响度是不同的,存在较大的差别。中国的纺织与服装行业存在较大的增长,而农业以及汽车和零部件等行业增加的幅度相比而言较小,但是也有所增加;对于其他部门来讲则出现了负增长。减少幅度最大的行业就是以金属制品为代表的行业,最大的降低幅度甚至达到了44%。整体来看,中国的生产效应虽然存在一定的变化,但是这种变化在不同的部门间却并不明显。

　　俄罗斯在农产品、煤炭等矿产品和化工行业等方面均有小幅增长,这是俄罗斯出口的优势产业,在汽车和零部件方面也有小幅增长,这也符合俄罗斯近期的"反危机计划"。与中国相比,其降低的一些产业正是中国发展比较迅速的产业,例如纺织行业,这是俄罗斯主要进口产业,但是同样对于中国发展比较缓慢的金属行业,俄罗斯却呈现了较大的增长幅度。

蒙古国生产产业的增加也集中在农业和天然气方面,这和蒙古国畜牧业较发达以及资源丰富有必然的联系,在机械设备、制造业和贸易运输等服务业方面均有不同程度的增长,因为"中蒙俄经济走廊"建立之后,中国对蒙古国在这些领域会增加资金、技术的投资,会促使蒙古国生产结构更加优化。

# 6 "中蒙俄经济走廊"建设经济效应的影响因素分析

关于区域经济一体化的实证分析方法主要有事前分析和事后分析。事后分析是关于经济效应影响因素和贸易潜力的研究,中外学者普遍采用传统引力模型以及改进的引力模型来研究贸易潜力和经济效应影响因素。但是这两个模型对于数据选择仍然存在较大的约束性。另外,就以往对扩展的引力模型中那些不能精准评估的模型而言,随机前沿方法对此问题的处理则具有较高的实效性,所得数值相对具有较高精准度。从现有研究内容来看,关于我国与蒙古国、俄罗斯的经济效应影响因素及贸易潜力的研究比较少,另外对于中蒙俄经济效应的定量分析和贸易潜力分析还不够全面,而且关于应用随机前沿引力模型研究"中蒙俄经济走廊"建设经济效应的影响因素及其贸易潜力的文献也比较少。所以本书补充已有研究的不足,运用随机前沿引力模型,分析"中蒙俄经济走廊"建设经济效应的影响因素,以及这些因素如何影响到中蒙俄之间的贸易潜力和贸易效率,为该走廊的建设提供实证支持。

## 6.1 "中蒙俄经济走廊"建设经济效应的影响因素

关于"中蒙俄经济走廊"建设经济效应影响因素的选取,参照第 5 章"中蒙俄经济走廊"建设经济效应的实证分析,同时借鉴阿姆斯特朗

(Armstrong,2007)的随机前沿引力模型中仅包括自然因素,如人口规模、边界、经济规模、地理距离等短期内不会改变的因素,而将人为因素如制度、经济自由度、外商投资、自贸协定等作为非效率项因素,以此估计贸易阻力。[①] 所以"中蒙俄经济走廊"建设经济效应的影响因素可以分为两类:一类是自然因素,另一类是非效率项因素。本节将从这两方面对变量选取进行说明。下面先从定性分析的角度,结合中蒙俄国家的目前国内经济发展现状及贸易特征进行定性分析,为后期随机前沿引力模型的实证分析建立基础。

### 6.1.1　自然影响因素的变量选取

自然影响因素包括经济规模、两国距离、边界等短期内不会改变的因素。

#### 6.1.1.1　经济规模指标(GDP)

就国家而言,经济发展水平、产出能力和市场容量等指标一般都通过GDP 指标进行阐释,因为其具有极强的直观性,借助其综合波动能够对国家的经济发展走向进行判断。大国更容易取得规模经济,因为其产出能力强,因此该类产品的出口可以基于比较优势增加,同时大国也会吸收更多的进口,这是其市场容量大导致的。因此,可以用 GDP 的增长代表双边贸易规模的扩大。同时,随着 GDP 的增加,经济水平逐渐提高,有利于经贸活动的开展,这也是为何贸易一开始出现在综合实力较强国家之间的根本原因。GDP 中又分为出口国名义 GDP、进口国名义 GDP、出口国人均 GDP、进口国人均 GDP 等。其中,一国的出口能力由出口国名义GDP 反映,生产能力越强,经济规模越大,出口能力越强,双边贸易额越大。一国的进口能力由进口国名义 GDP 反映,越大的经济规模,越大的潜在进口需求,将会导致双边贸易额增加。

---

① Armstrong S. Measuring Trade and Trade Potential:A Survey,*Asia Pacific Economic*,
2007.

### 6.1.1.2　两国距离(DIS)

贸易障碍、文化差异、运输成本和时间、市场准入限制等贸易障碍可以通过将距离变量引入模型中进行表示。对于两个国家而言,相隔距离越近,则贸易成本也就相应越低,而两国间的贸易成本会随着地理距离的增加而逐渐上升,并且导致两国间贸易的减少,所以距离与经济效应之间为负相关。目标国首都与北京的空间距离,在本节中定义为地理距离,其中,地理距离采用加权的国家中心的距离。

中蒙俄三个国家相互交界相邻,早在1994年初,三国就共同签订了国界交界点协定,其中明确指出奎屯山顶4 104米高地是三国西端交界点具体位置,并且约定该位置不设立任何标识物。中国与蒙古国相邻,具有长达4 710千米的边界线,共设有18个开放口岸,其中13个口岸根据季节决定开放时间,另外5个则不受任何时间限制,常年为贸易活动提供服务。同时,我国内蒙古自治区和蒙古国的相邻边境线为3 000多千米,最为关键的3个煤炭口岸都在我国境内,中国和蒙古国互补特征明显,交往十分密切。此外,中俄在2004年也已完全勘定完中俄边境线,其中俄罗斯的5个州区与黑龙江省接壤,有长达2 981千米的边境线,两个国家共有国家一类口岸25个,中国对俄边境口岸15个;我国东北地区中部的吉林省同样毗邻俄罗斯,有长达241.25千米的边境线,该地区邻近俄罗斯滨海边疆,只有100千米左右的直线距离到达俄罗斯远东地区商业中心海参崴。

### 6.1.1.3　边界(BAN)

本章贸易成本的指标包含两国是不是交界。如果两国相邻的话,可有效促进国际贸易。在本模型中引入一个虚拟变量共同边界,两国之间交界就选择1,不交界就选择0,用BAN表示。数据来源为CEPI-LL BACI国际贸易数据库。

### 6.1.2　非效率项因素的变量选取

非效率项因素的变量选取包括自贸协定、贸易占GDP比重、经济自由度、汇率、公共基础设施质量、政府间合作与沟通、贸易结合度指数,以此估计贸易阻力。

### 6.1.2.1 自由贸易区指标(FTA)

在同一个组织内的成员之间,开展贸易往来也更为便利。目前中国加入的自由贸易组织主要分为两类:一类是 APEC,另一类是 WTO。在三个国家里,中蒙俄都是 WTO 成员,该值取 1。APEC 组织全称为"亚太经合组织",在全世界经济互动中,该组织的关键性不可小觑。在三个国家里,中国、俄罗斯都是该组织的参与方,虚拟变量取 1,而蒙古国该数值取 0。

### 6.1.2.2 贸易占 GDP 比重(S)

该变量反映了国际贸易商品在国民经济中的地位,是考察国家贸易发展情况的主要指标。其中,商品进出口占比越高,说明外贸产业对于这个国家的经济总量影响越大,该国参加世界贸易的能力较强,贸易产业发展水平较高,因此预期该变量系数是负数,与经济效应正相关,在本研究中用 S 代表。

中蒙俄三国中,蒙古国贸易占 GDP 比重每年均大于 100,2008 年为 104.43,2009 年为 119.84,2011 年为 118.22,2015 年也在 110 以上,说明蒙古国对于外贸依存度较高,并且依赖程度自 2008 年起逐年增加,现在稳定在 110 左右。与蒙古国相对比,中国及俄罗斯两国的对外贸易依存度不高,俄罗斯自 2008 年开始至 2015 年该指标就一直上下震荡,其中2008 年最高为 81.24,2015 年最低仅为 32.73。中国对外贸易依存度近年来逐年降低,2008 年为 81.24,2009 年为 68.10,2012 年为 61.36,2015年为 32.73,原因是我国 GDP 增速稳定,GDP 基数逐年增加,进出口额增长速度未超过 GDP 增速;另一方面由于我国调整国内产业结构,目前已初见成效,对外贸易依存度进一步降低。

### 6.1.2.3 经济自由度(F)

指一个国家经济受到政府的影响程度,在进口贸易活动中,倘若政府一再设置障碍,那么相应的出口成本必然上涨,从而导致出口国贸易出口效果大幅下降。尤其是近年来,由于世界经济仍处在金融危机复苏阶段,国外就业率及财政赤字压力大,其他国家频繁对我国发起"双反"(反倾销、反补贴调查),使得世界上其他国家与我国之间的贸易摩擦增加。反之,经济制度上自由程度越高,则越会推动出口国对该国的出口发展。因此预期该变量系数为负,与经济效应正相关,在本研究中用 F 代表。

中蒙俄三国中,中国和俄罗斯经济自由度近年来稳定维持在 50 左右;蒙古国近年来经济自由度指数也稳定在 60 左右。在经济自由度指数方面,中俄两国总体上相近,蒙古状况略好一些,相差幅度不大。这也从侧面反映我国提出"中蒙俄经济走廊"建设这一重要规划具备相应的现实基础。

表 6—1 中蒙俄 2012—2015 年经济自由度指数

| | 2012 年 | 2013 年 | 2014 年 | 2015 年 |
| --- | --- | --- | --- | --- |
| 中国 | 51.2 | 51.9 | 52.5 | 52.7 |
| 蒙古国 | 61.5 | 61.7 | 58.9 | 59.2 |
| 俄罗斯 | 50.5 | 51.1 | 51.9 | 52.1 |

资料来源:http://www.heritage.org/index/download。

### 6.1.2.4 公共基础设施质量(Q)

本书在研究现有文献基础上,发现很少有文献对于参加贸易国家的基础设施质量进行评价,进而研究其对经济效应的影响,因此,本书尝试将公共基础设施质量 Q 加入随机前沿引力模型的分析过程中,Q 值越大,该国对于基础设施投资的重视程度越高,从侧面反映该国基础设施条件改善程度较高,有利于两国直接开展贸易活动,因此预计该指标系数为负,与经济效应正相关,在本研究中用 Q 代表。

经济的快速增长在很大程度上都受到基础设施的影响,后者对前者起着直接的拉动效应,同时也是前者发展的前提。所以,在创建"中蒙俄经济走廊"的同时,必须加强对基础设施的建设与完善。然而,蒙

古国及俄罗斯在该方面却十分落后。如前面第 3 章所述,在全球 144
个经济体的国家综合基础设施建设名次排名,蒙古国与俄罗斯分别为
第 119 名与第 74 名,而二者在铁路、港口、航空、电力供应方面的品质
分别位于第 69 名和 124 名、第 143 名与 81 名、第 125 名与 79 名、第
100 名与第 73 名。

### 6.1.2.5 政府间合作与沟通(Z)

一个国家的民主化程度越高,其出口产品的质量则越高,越会受到国
际市场的欢迎。同时,一个国家的民主化程度越高,形成的进口环境则越
好,从而可以有效地削减各种非关税壁垒,预期符号为负,与经济效应正
相关,在本研究中用 Z 代表。

### 6.1.2.6 贸易结合度指数(TII)

一国对某贸易伙伴国的出口占该国出口总额的比重与该贸易伙伴国
出口总额占世界进口总额比重的比例,可以用贸易结合度指数表示。指
标数值越大,两个国家的联系越紧密,相互的依赖性则越大,相反贸易结
合度指数越小,表明两国贸易联系越松散。出口贸易结合度和进口贸易
结合度预期符号为负,与经济效应正相关,数据来源于第 3 章。

## 6.2 模型构建和变量选取

本节主要介绍模型构建、变量选取和数据来源。

### 6.2.1 模型构建

本节主要介绍传统的引力模型、随机前沿引力模型的产生和发展。

#### 6.2.1.1 理论模型

(1)传统引力模型。在区域经济一体化的实证分析中,引力模型的使
用频率越来越高,相应理论内容在近些年也逐渐被丰富,日趋完善。该模
型最初由牛顿的"万有引力"公式衍生而来,也就是指两个物体间的引力

与二者间的质量成正相关,而与二者间的距离为负相关,具体公式如下:

$$T_{ij} = \frac{A(Y_i Y_j)}{D_{ij}} \tag{6-1}$$

式中,$A$ 为常数;$T_{ij}$ 指 $i$ 国家或地区对 $j$ 国家或地区的进出口额;$Y_i$ 和 $Y_j$ 分别表示 $i$、$j$ 两个国家或地区的经济规模,通常以 GDP 来表示;$L_{ij}$ 为 $i$ 国家或地区到 $j$ 国家或地区的距离,一般用两国或地区的经济中心或主要港口之间的距离来衡量。

20 世纪 60 年代初,Tinbergen 首次将类似的方程在国际贸易流量的估算上加以应用,此后,随着贸易成本研究的深入,两国贸易影响因素也不断被增加到模型当中。近年来在研究贸易实际问题中,贸易成本已经不仅局限于是否交界和距离的研究,国内外学者在研究双边国际贸易潜力的过程中,引入了促进和阻碍贸易发展的其他因素,进而在引力模型的基础上,形成了扩展的引力模型形式。根据不同的研究内容及视角,进一步推动了引力模型在不同领域的发展。目前,对该模型的扩张主要表现形式集中在增加变量数量。因此建立扩展的引力模型如下:

$$\ln EI_{ijt} = \beta_0 + \beta_1(\ln GDP_{it}) + \beta_2(\ln GDP_{jt}) + \beta_3(\ln IT_{ijt}) + \beta_4(\ln DIST_{ijt})$$
$$+ \beta_5 ETII_{it} + \beta_6 ITII_{jt} + \beta_7 HI_{jt} + \beta_8 FTA + \varepsilon_{ijt} \tag{6-2}$$

式中,$\ln EI_{ijt}$ 代表双边贸易额,$GDP$ 代表贸易国家在当期的国民生产总数值,$IT$ 代表两国国民收入差的绝对值,$DIST$ 表示两国空间的距离,$ETII$ 表示两国的出口贸易结合度,$ITII$ 代表两国的进口贸易结合度,$HI$ 代表贸易国的出口集中度,$FTA$ 表示成员间贸易。

(2)随机前沿引力模型。1977 年 Meeusen 和 Broeck[1] 以及 Aigner[2] 分别独立提出了随机前沿生产函数,该函数最初是用来分析生产函数中的技术效率。在该方法中,传统随机扰动项被分解为独立的两个部分:其

[1]  Meeusen W. , van den Broeck, J. Efficiency Estimation from Cobb-Douglas Production Functions with Composed Error. *International Economic Review*, 1977(2):435—444.

[2]  Aigner D. , Lovell C. , Schmidt, P. Formulation and Estimation of Stochastic Frontier Production Function Model. *Journal of Econometrics*, 1977(1):21—37.

中生产过程中面临的外界随机冲击,用随机误差项 $v_{ijt}$ 表示;所有不可观测的非效率因素,用非负的技术无效项表示,通过 $u_{ijt}$ 的估算就能分析生产效率的状况。贸易量用国家间经济规模、制度文化等变量的函数进行表示,该方法在本质上与生产函数类似,因此在分析贸易潜力时可以选用随机前沿方法。参照传统引力方程,假定 $i$ 国与 $j$ 国的贸易量可以表示为:

$$T_{ijt} = f(x_{ijt}, \beta) \exp(v_{ijt}) \exp(-u_{ijt}), u_{ijt} \geqslant 0 \qquad (6-3)$$

$$\ln T_{ijt} = \ln f(x_{ijt}, \beta) + v_{ijt} - u_{ijt}, u_{ijt} \geqslant 0 \qquad (6-4)$$

式(6-4)与式(6-3)等同,是其对数形式;$t$ 期 $i$ 国对 $j$ 国贸易水平的实际值用 $T_{ijt}$ 表示,引力模型中贸易量的核心影响因素,如经济规模、人口、距离等,用 $x_{ijt}$ 表示;其中 $\beta$ 是需要估计的参数向量;$v_{ijt}$ 表示随机干扰项,其服从均值为零的正态分布;$u_{ijt}$ 则表示贸易非效率项,与 $v_{ijt}$ 独立,一般情况下假定服从截尾或半正态分布。没能纳入引力模型的贸易阻力用 $u_{ijt}$ 表示,主要是指限制或促进贸易的因素,设定为非负,代表着就 $u_{ijt}$ 整体而言会限制贸易,即阻碍贸易的因素在贸易阻力中占主导地位,当然认为促进贸易的因素可以部分抵消贸易阻力中这种影响。当 $u_{ijt}$ >0 时,国家 $i$ 存在贸易无效率。$u_{ijt}$ 服从 $iidN(0, \delta^2), u_{ijt} > 0$。

在随机前沿引力模型中,贸易潜力表示为:

$$T_{ijt}^* = f(x_{ijt}, \beta) \exp(v_{ijt}) \qquad (6-5)$$

式中,$T_{ijt}^*$ 是贸易潜力,前沿水平的贸易量,类似于生产函数中的生产前沿,代表 $t$ 期 $i$ 国对 $j$ 国贸易最大的可能值,认为贸易是无摩擦的,此时贸易非效率的影响为零。由此可见,在随机前沿引力模型和传统引力模型中,贸易潜力的概念存在差别,前者是一个最优值,后者是接近实际贸易量的一个平均值。

在贸易潜力的基础上,贸易效率的概念被引入,其表达式为:

$$TE_{ijt} = T_{ijt} / T_{ijt}^* = \exp(-u_{ijt}) \qquad (6-6)$$

式中,$TE_{ijt}$ 为贸易效率,是实际贸易水平与贸易潜力的比值,也是关于贸易非效率项的指数函数。通过贸易效率可判断样本国间贸易发展的水平和潜力:当 $u_{ijt}=0$ 时,样本国间不存在贸易非效率,即无摩擦贸易,那么 $TE_{ijt}=1$,贸易量达到最大值,实际贸易量等于贸易潜力;当 $u_{ijt}>0$ 时,样本国间存在贸易非效率,即贸易阻力限制了贸易发展,此时 $TE_{ijt}\in$ $(0,1)$,实际贸易量小于贸易潜力。

(3)贸易非效率模型。建立贸易非效率模型,是为了进一步研究影响贸易非效率的因素。在随机前沿模型中,可以同时回归贸易非效率因素。Battese 和 Coelli(1995)提出了基本形式,首先,设定贸易非效率项 $u$ 为:

$$u_{ijt}=\alpha' z_{ijt}+\varepsilon_{ijt} \tag{6-7}$$

式中,$z_{ijt}$ 表示影响贸易非效率的外生变量;$\alpha'$ 为待估参数向量;$\varepsilon_{ijt}$ 是随机扰动项。将式(6-7)直接代入式(6-3)可得:

$$\ln T_{ijt}=\ln f(x_{ijt},\beta)+v_{ijt}-(\alpha' z_{ijt}+\varepsilon_{ijt}) \tag{6-8}$$

式中,$u_{ijt}$ 服从均值为 $\alpha' z_{ijt}$ 的截尾正态分布,$u_{ijt}$ 与 $v_{ijt}$ 相互独立。将式(6-8)直接采用随机前沿方法回归,可以同时获得贸易非效率项 $u_{ijt}$ 的估计值及其与影响因素的关系。

### 6.2.1.2 模型设定

借鉴 Armstrong(2007)的研究方法,本节在利用随机前沿引力模型时,在引力模型中仅包含短期内不会改变的核心变量,如经济规模、距离、边界等;将人为因素纳入贸易非效率模型,如自由贸易协定、贸易占 GDP 比重、经济自由程度、公共基础设施质量、政府间合作与沟通、贸易结合度等。基于上述分析,本书构建随机前沿引力模型如下:

(1)随机前沿引力模型

$$\ln EXP_{ijt}=\beta_0+\beta_1\ln GDP_{it}+\beta_2\ln GDP_{jt}+\beta_3\ln DIS_{ij}+\beta_4 BAN_{ij}+v_{ijt}-u_{ijt} \tag{6-9}$$

式中,$t$ 年 $i$ 国向 $j$ 国的出口用 $EXP_{ijt}$ 表示,采用经典引力模型的变量作为解释变量,其主要分为以下三组:(1)进出口国的 GDP($GDP_{it}$ 和 $GDP_{jt}$),主要用于反映需求水平、经济发展程度和要素禀赋,因为该变量的影响因素比较复杂,根据以往经验分析,其结果经常出现与实际情况不一致,但是一般情况下,认为它与 $EXP_{ijt}$ 成正比;(2)$DIS_{ij}$ 表示两个国家的地理距离,用于反映两国之间的运输成本,预期情况是与 $EXP_{ijt}$ 呈负相关;(3)$BAN$ 表示边界因素,考虑到在随机前沿模型中,方程形式的重要性,本书通过使用似然比检验确定是否纳入这些因素。

(2)贸易非效率模型。为进一步研究影响"中蒙俄经济走廊"建设经济效应的非效率项因素,本书建立贸易非效率模型。具体方程如下:

$$u_{ijt} = \alpha_0 + \alpha_1 FTA_{ijt} + \alpha_2 S + \alpha_3 F + \alpha_4 Q + \alpha_5 Z + \alpha_6 ETII_{it} + \alpha_7 ITII_{jt} + \varepsilon_{ijt}$$
$$(6-10)$$

式中,$FTA_{ijt}$ 为自由贸易协定,$S$ 为贸易占 GDP 比重,$F$ 为经济自由程度,$Q$ 为公共基础设施质量,$Z$ 为政府间合作与沟通,$ETII_{it}$ 为两国的出口贸易结合度,$ITII_{jt}$ 为两国的进口贸易结合度。

### 6.2.2 变量选取

本章随机前沿引力模型包括常规的贸易引力模型中的自然影响因素,比如两国之间的经济规模、距离以及边界是否交界,也涉及短时间内将会出现变化的非效率因素汇聚至 $u_{ijt}$ 项中,具体短期内考虑的影响因素有该国家是否为自贸区成员(FTA)、贸易占 GDP 比重(S)、经济自由程度(F)以及公共基础设施质量(Q)、政府间合作与沟通(Z)、贸易结合度指数(TII)。同时,本书引入"是否加入 WTO 和 APEC"作为贸易政策的虚拟变量来衡量贸易政策对国际贸易的促进作用,其中加入"WTO"和"APEC"的国家变量赋值为 1,否则赋值为 0。

### 6.2.3 数据来源

本书将选取中国与美国、韩国、日本、泰国、法国、俄罗斯、沙特阿拉伯、澳大利亚、哈萨克斯坦、蒙古国、缅甸、越南、菲律宾、乌克兰、马来西亚、印度、土耳其 18 个国家的上述变量作为样本,观察样本的容量值为 1 440 个。选取上述国家作为研究对象的主要原因在于:(1)根据我国近年来在国别上货物出口增速的排名;(2)考虑贸易数据获取的难易程度;

（3）基于本书的研究对象为"中蒙俄经济走廊"，在贸易国选取上，考虑了其他五大经济走廊的沿线国家。本书选取的时间跨度为 2004—2015 年。其中相关变量的具体数据来源详见表 6—2。

表 6—2                                    变量含义及数据来源说明

| | 变量名称 | 指标含义 | 预期符号 | 数据来源 |
|---|---|---|---|---|
| 自然影响因素 | gdpit | 出口国人均 GDP | ＋ | 世界银行数据库 |
| | gdpjt | 进口国人均 GDP | ＋ | 世界银行数据库 |
| | dis | 两国距离 | — | CEPILL BACI 国际贸易数据库 |
| | BAN | 是否有共同边界 | ＋ | CEPILL BACI 国际贸易数据库 |
| | FTA | 是否是自贸区成员 | — | 中国商务部网站 |
| | S | 贸易占 GDP 比重 | — | Uncomtrade 数据库 |
| | F | 经济自由程度 | — | 世界经济自由度报告 |
| 非效率因素 | Q | 公共基础设施质量 | — | 世界银行数据库 |
| | Z | 民主程度 | — | 政体数据库 |
| | $ETII_{jit}$ | 贸易国 j 对贸易国 i 的出口贸易结合度 | — | 第 3 章内容 |
| | $ITII_{jit}$ | 贸易国 j 对贸易国 i 的进口贸易结合度 | — | 第 3 章内容 |

## 6.3  实证结果分析

本书对随机前沿引力模型和贸易非效率模型进行估计，并在此基础上总结"中蒙俄经济走廊"建设经济效应的影响因素和贸易效率，以此衡量"中蒙俄经济走廊"中三个国家的贸易发展水平和潜力。

### 6.3.1 随机前沿引力模型适用性检验

需要检验随机前沿引力模型使用是否合理,可借助广义似然比验证(LR),检验判别模型的适用性,最终达到检验是否存在贸易非效率项因素的目的。如果越靠近0,表示双边贸易现实流量与潜力的差距主要来源于随机性因素,无需运用随机前沿方法进行估计;若越靠近1,表示双边贸易现实流量和潜力的差距主要来自非效率项因素,适用随机前沿引力模型的剖析,即对式(6—11)中 $\gamma$ 的数值加以检验:

$$\gamma = \delta_u^2 / (\delta_v^2 + \delta_u^2)(\gamma \in [0,1]) \tag{6—11}$$

根据回归结果,$\gamma$ 为 0.89,该值接近于 1,说明中蒙俄三国贸易潜力可以用前沿随机引力模型进行分析。同时,进行 LR 检验,结果如表 6—3 所示,该表中 $\gamma$ 接近于 1,同时也通过 LR 检验。

表 6—3　　　　　　　　　　　　LR 检验结果

| | Log Lik | Df | Chisq Pr(>Chisq) |
|---|---|---|---|
| Model 1:OLS(no inefficiency) | 8 | −34 512 | |
| Model 2:Efficiency Effects Frontier(EEF) | 16 | −32 831 | 83 360.6<2.2e−16*** |

注:*** 表示在1%的显著性水平上显著。下同。

### 6.3.2 回归结果分析

表 6—4　　　　　　　　　　　　回归数据

| Variable | Estimate | Std. Error | z value | Pr(>\|z\|) |
|---|---|---|---|---|
| (Intercept) | −3.36E−01 | 4.20E−01 | −79.798 2 | <2.2e−16*** |
| $\ln(\text{GDP}_{it})$ | 1.26E+00 | 1.27E−02 | 99.543 4 | <2.2e−16*** |
| $\ln(\text{GDP}_{jt})$ | 9.85E−01 | 1.11E−02 | 88.748 2 | <2.2e−16*** |
| $\ln(\text{DIS})$ | −1.42E+00 | 2.28E−02 | −62.040 2 | <2.2e−16*** |
| $\ln(\text{BAN})$ | 9.75E−01 | 7.14E−02 | 13.696 7 | <2.2e−16*** |

| Variable | Estimate | Std. Error | z value | Pr(>\|z\|) |
|---|---|---|---|---|
| Z_(Intercept) | $-3.09E+00$ | $7.89E-01$ | $-3.9117$ | $9.164e-05^{***}$ |
| lnFTA | $-9.78E-01$ | $4.15E-06$ | $-0.0155$ | $0.9876$ |
| lnS | $-6.28E-01$ | $3.97E-06$ | $1.5505$ | $0.121$ |
| lnF | $-7.27E-01$ | $4.38E-03$ | $-14.3441$ | $<2.2e-16^{***}$ |
| lnQ | $-2.37E+00$ | $9.96E-02$ | $-11.6431$ | $<2.2e-16^{***}$ |
| lnZ | $-4.81E-01$ | $6.45E-02$ | $-7.4514$ | $9.234e-14^{***}$ |
| ln ETIIjit | $-2.10E+00$ | $1.41E-02$ | $12.7268$ | $<2.2e-16^{***}$ |
| ln ITIIjit | $-6.57E-01$ | $9.64E-03$ | $7.5456$ | $4.503e-14^{***}$ |
| sigmaSq | $1.34E+01$ | $8.57E-01$ | $15.6393$ | $<2.2e-16^{***}$ |
| gamma | $8.96E-01$ | $6.53E-03$ | $137.1922$ | $<2.2e-16^{***}$ |

回归数据详见表6—4,先完成模型主体部分分析,结果如下:

$$\ln EXP_{ijt}=\beta_0+1.26\ln GDP_{it}+0.985\ln GDP_{jt} \qquad (6-12)$$
$$-1.42\ln DIS_{ij}+0.975BAN_{ij}+v_{ijt}-u_{ijt}$$

$$u_{ijt}=\alpha_0-0.978FTA-0.628S-0.727F-2.37Q \qquad (6-13)$$
$$-0.481Z-2.10ETII_{it}-0.657ITII_{jt}+\varepsilon_{ijt}$$

回归结果显示,中蒙俄任意两国贸易双方的经济规模、双方是否具有共同边界、双方是否同属于 WTO 组织以及两国是否是战略伙伴关系、贸易占 GDP 比重、经济自由度、公共基础设施质量、政府间合作与沟通、贸易结合度指数都对两国贸易具有正向的促进作用,而两国间的距离代表这两国之间运输的物流成本,其对两国贸易具有显著的负向阻碍作用。对拟合结果进一步分析得到下列结论:

"中蒙俄经济走廊"中任意两国的出口国 GDP 与进口国 GDP 对于出口贸易量的总额有显著影响。其中出口国 GDP 的系数约为 1.26,进口国 GDP 的系数约为 0.985。因此贸易双方 GDP 越高,相应的规模会相对越大。比较可得,出口国 GDP 对于贸易的正面影响要比进口国 GDP

的影响大一些;"中蒙俄经济走廊"中两国的出口贸易额与空间距离成反比,系数为-1.42,说明空间距离对"中蒙俄经济走廊"的阻碍作用非常显著;共同边界因素在模型中系数为0.975,说明是否具有共同边界对外贸的影响程度是正相关的;自贸区协定(FTA)的系数为-0.978,表明自贸区协定的签订可有效降低非效率因素的影响,进而促进双边贸易发展;贸易占GDP比重(S)的系数为-0.628,显著为负,也就是对贸易的阻力作用为负,与预期一致,体现国家自身的贸易依赖性对于"一带一路"国家间贸易有明显正向促进作用;经济自由度(F)系数为-0.727,与贸易非效率模型呈显著负相关,说明它是促进贸易因素,可以抵消贸易非效率的影响;进口国和出口国的基础设施建设(Q)的系数也是-2.37,显著为负,体现出对贸易促进的显著正效应。民主程度(Z)的系数是-0.481,显著为负,体现出对贸易促进的显著正效应。$ETII_{jit}$的系数是-2.10,$ITII_{jit}$的系数是-0.657,显著为负,体现出对贸易促进的显著正效应。总之,估计模型的每个变量均与预期相同,并且符号的实际经济意义再次验证了所选随机前沿引力模型的合理性,因此估计结果是可信的。

### 6.3.3 "一带一路"整体背景下贸易效率分析

根据前文构建的非效率模型,可得出中国对蒙俄出口贸易效率及双边贸易效率值,时间跨度为2008—2015年,具体结果见表6-5。其中$TE_{ijt} \in [0,1]$,当$TE_{ijt}$趋近于1时,表明双方贸易效率在上升,反之,则意味着贸易潜力在增加。

表6-5　　　　　　　"一带一路"整体背景下贸易效率分析

| 年份 | 2008 | 2009 | 2010 | 2011 | 2012 | 2013 | 2014 | 2015 | 均值 |
|---|---|---|---|---|---|---|---|---|---|
| 一带一路 | 0.31 | 0.30 | 0.30 | 0.29 | 0.29 | 0.27 | 0.27 | 0.27 | 0.29 |
| 中国 | 0.29 | 0.30 | 0.30 | 0.29 | 0.29 | 0.29 | 0.31 | 0.29 | 0.29 |
| 俄罗斯 | 0.25 | 0.23 | 0.25 | 0.24 | 0.26 | 0.25 | 0.24 | 0.26 | 0.25 |
| 蒙古国 | 0.20 | 0.17 | 0.19 | 0.20 | 0.19 | 0.20 | 0.18 | 0.22 | 0.19 |

注:数据根据前文回归结果整理而得。

"一带一路"整体贸易效率数据如表6－5所示。基于本书主题研究需要,取出中国、俄罗斯和蒙古国三国各自2008年至2015年数据,以及8年间均值,并与"一带一路"整体贸易网络的贸易效率进行对比分析。

"一带一路"整体贸易效率可以明显体现出经济周期的影响。2008年之后连续六年持续下降。因此可以看出,2008年金融危机对于"一带一路"沿线国家整体贸易网络的消极作用是较为长期缓慢的一个过程,从2008年的0.31一直降至2014年的0.27,2013年和2014年的低谷之后2015年才出现了较为明显的回升。具体回升趋势是否明确,仍需要更新的数据追踪加以分析确认。因此分析可知,"一带一路"沿线国家的贸易网络可能于近年刚刚从2008年金融危机的阴影中走出,出现回升的端倪。

中国的数据虽然出现相应的变化,但是基本没有体现出经济周期的直接影响。甚至于2009年出现了贸易效率略有上升的情况。虽然中国经济在2008年后明显受到了国际金融危机的波及,但是中国对于"一带一路"沿线国家的平均出口效率没有受到明显的打击。这一局面有利于我国稳步发展与"一带一路"沿线国家的贸易关系。在这样的背景下,中国对"一带一路"沿线国家的出口效率于2012年开始超过"一带一路"沿线国家整体贸易效率,并且有逐步拉大差距的趋势。

相比之下,俄罗斯和蒙古国对"一带一路"沿线国家贸易效率则在2009年出现了明显的下跌,金融危机直接影响了俄罗斯和蒙古国对"一带一路"沿线国家的贸易水平。但是两国对"一带一路"贸易受到的冲击持续时间不长,都在2010年出现了效率回升,没有出现像整体贸易网络一直持续缓慢下跌的情况。中国的贸易效率均值为0.29,领先于俄罗斯的0.25和蒙古国的0.19。蒙俄两国贸易效率总体上仍低于"一带一路"整体贸易效率。

### 6.3.4 影响因素下的中蒙俄三方贸易潜力分析

根据中国对蒙俄、蒙古国对中俄、俄罗斯对中蒙的三种方向出口贸易数据,结合"一带一路"整体背景,可直接由模型计算得出2008—2015年三方的贸易效率,形成表6—6。

表6—6 中国对蒙俄贸易效率

| 年份 | 2008 | 2009 | 2010 | 2011 | 2012 | 2013 | 2014 | 2015 | 均值 |
|---|---|---|---|---|---|---|---|---|---|
| 蒙古国 | 0.13 | 0.24 | 0.26 | 0.23 | 0.19 | 0.16 | 0.25 | 0.20 | 0.19 |
| 俄罗斯 | 0.11 | 0.13 | 0.10 | 0.12 | 0.11 | 0.15 | 0.20 | 0.17 | 0.13 |

注:数据根据前文回归结果整理而得。

通过表6—6可以看出中国对蒙俄的出口贸易效率,总体水平较低。同时中国对蒙古国出口贸易效率波动较大,这与后者对前者的政策变动有一定的关系。比较2008年与2015年的数据,出口贸易效率从0.13到0.20,略有上升,均值为0.19,低于中国对"一带一路"出口平均效率以及"一带一路"整体水平,具有较大的潜力。中国对俄罗斯出口贸易效率相对稳定,但仍处于较低的水平,同样低于中国对"一带一路"出口平均效率以及"一带一路"整体水平,具有较大的潜力。

表6—7 蒙古国对中俄贸易效率

| 年份 | 2008 | 2009 | 2010 | 2011 | 2012 | 2013 | 2014 | 2015 | 均值 |
|---|---|---|---|---|---|---|---|---|---|
| 中国 | 0.54 | 0.44 | 0.56 | 0.47 | 0.42 | 0.55 | 0.48 | 0.55 | 0.50 |
| 俄罗斯 | 0.34 | 0.22 | 0.28 | 0.32 | 0.26 | 0.47 | 0.50 | 0.42 | 0.32 |

注:数据根据前文回归结果整理而得。

通过表6—7,从蒙古国的角度来看,其经济对于中俄的依赖性从数据上有较为突出的体现。蒙古国对中国的贸易出口效率较高,均值达到了0.5以上。虽然蒙古国对中国的贸易出口效率与中国对蒙古国出口贸易效率类似,相应存在一定的波动,但即便在低谷状态也达到0.4以上,远高于中国对蒙古国的出口贸易效率。蒙古国对俄罗斯也有较高的出口贸易效率,也体现出对俄罗斯贸易一定的依赖性。

表6—8 俄罗斯对中蒙贸易效率

| 年份 | 2008 | 2009 | 2010 | 2011 | 2012 | 2013 | 2014 | 2015 | 均值 |
|---|---|---|---|---|---|---|---|---|---|
| 中国 | 0.17 | 0.16 | 0.14 | 0.12 | 0.13 | 0.11 | 0.14 | 0.11 | 0.14 |

| 年份 | 2008 | 2009 | 2010 | 2011 | 2012 | 2013 | 2014 | 2015 | 均值 |
|------|------|------|------|------|------|------|------|------|------|
| 蒙古国 | 0.48 | 0.57 | 0.47 | 0.51 | 0.57 | 0.51 | 0.54 | 0.50 | 0.52 |

注:数据根据前文回归结果整理而得。

虽然蒙古国对俄罗斯也有较高的出口贸易效率,也体现出对俄罗斯贸易一定的依赖性,但蒙古国对俄罗斯出口贸易效率应与俄罗斯对蒙古国出口贸易效率结合来分析。2008—2015年蒙古国对俄罗斯出口效率均值为0.32,相对应,同期俄罗斯对蒙古国的出口效率均值为0.52。这一局面的出现与中蒙间的贸易效率水平产生明显对比。中俄同为蒙古国邻国,且为相对大国,蒙古国对二者较高出口贸易效率也同样体现了对两国一定的依赖性。但是俄罗斯对蒙古国的出口效率远高于中国对蒙古国的出口贸易效率,超过两倍的贸易效率差距值得进一步探讨。一方面可能由于政治原因,蒙古国对于中俄两国提供的贸易便利化条件有所差异。另一方面,体现出我国在对蒙古国出口贸易上,仍有较大的提升空间和发展潜力,应充分利用现有资源,提升对蒙古国出口贸易的效率水平。

俄罗斯对中国的出口贸易效率较低,2008年至2015年均值仅为0.14,远低于"一带一路"沿线国家整体贸易效率,中俄之间的经济效应具有较大的潜力。值得注意的是,俄罗斯对中国的出口贸易效率体现出与"一带一路"整体贸易效率相似的周期,从2008年峰值0.17开始到2011年总体上始终表现为下滑走势,2012年出现一定回升。

# 7  提升"中蒙俄经济走廊"
# 建设经济效应的对策建议

"中蒙俄经济走廊"在建设上需要三方共同努力,是中蒙俄的"大合唱",而是不能只由中国"唱独角戏"。"一带一路"倡议理念是参与各国共同发展,目标是促进全球共同繁荣,打造人类命运共同体新平台,因此,中蒙俄三国在经济合作上也应按此原则行事。我国要大力加强与蒙古国、俄罗斯两个国家在政治方面的相互信任,加强三方的经济合作,"中蒙俄经济走廊"是"一带一路"建设的优先领域,需要三方国家一起努力,尽力为对方提供发展空间,为对方企业提供更优惠的经济政策,充分发挥各个国家优势实现互通有无、共同发展的目的。三国应本着"共商、共建、共享"原则,全面推进三方在各经济领域的合作。所以本章在第 3 章分析"中蒙俄经济走廊"建设存在的问题和第 6 章分析"中蒙俄经济走廊"建设经济效应影响因素的基础上,认为要想提升"中蒙俄经济走廊"建设的经济效应,需要做好以下几个方面的工作。

## 7.1  在充分开放性与包容性下共建命运共同体

中蒙俄共同构建经济走廊,应就三国各自利益需求进行讨论,以合理满足各方需求,在"一带一路"倡议下建设"中蒙俄经济走廊"。

### 7.1.1 通过首脑外交加强战略层面的沟通

正是因为中蒙俄领导人外交,能够增加三国在经济战略上的沟通,所以领导人经济外交才会在国家间经济谈判中显得尤为重要。随着国家级别经济交往越来越频繁,国家首脑在国际经济领域的活动也趋于活跃,逐渐成为各个国家观察他国经济变化与查看对方政策实践方式的主要渠道。由于国家最高领袖是以国家领导人身份进入国际政治活动中,其代表的是国家意志,因此这些领袖的外交活动会被赋予特别的外交意义。正是因为国家首脑是一个国家的代表,因而他在国际上的行为也就带有无法比拟的优势。第一,国家首脑外交具有较高的突破性,这体现在两个国家领袖可以面对面对双方有争议的问题进行"定调",能对陷入僵局的谈判进行有效的解决;第二,国家领导人间外交决议效率不仅高而且还有连贯性,相关各国首脑间谈判活动结束后都会以共同宣言、外交声明等表现出来,具有法律的约束力,不能被任意更改;第三,国家首脑间外交能增进各国最高领导人个人之间的情感,"这种私人间的好感与友谊对改善两国关系会产生良好的促进作用"①;第四,国家最高领导人外交具有塑造本国形象的作用。高度发达的传媒业与网络世界,能够将国家首脑在国外的各种活动展现于世界人们面前,从而改变对来访国家首脑个人资料与国家的认知。所以加强中蒙俄首脑间的交往频率,是构建三国经济走廊不可替代的沟通渠道。政治领域互信是国家间经济伙伴关系成立的基本前提,也是中蒙俄三国开展深层合作的重要条件。由此可证明中蒙俄在经济领域进行合作重要基础条件是建立在深层次的政治合作基础上的。而要建立这种关系则需要中蒙俄首脑对经济合作展开深度协商,本着求同存异原则达成合作共识,携手制订经济走廊建设规划,及时处理三方在合作中出现的贸易摩擦。中蒙俄可将三国会晤内容公布于国际社会,以展示三国在经济合作方面的稳定性,减少外界因素带来的负影响。

---

① 龙金和:《冷战后首脑外交的新变化及其未来发展趋势研究》,中南大学 2010 年硕士学位论文。

在中蒙俄领导人会晤中,应注意以下问题:首先,要扩大中蒙俄三方国家最高领导人议题范围。虽然中蒙俄会晤重点是三方经济活动,但三方却不能将会晤限定在经济领域范围的内容中,而应将会晤内容扩大到经济合作地区以外的国际与国家安全、社会人文等领域,将三方都重点关注的国际性问题划归到中蒙俄会晤讨论范围,并以此形成三方都可接受的意见与指导原则;与此同时,不能忽略世界各个组织在区域活动中的协调作用。其次,中蒙俄高层应摒弃冷战思维,坚持在平等互利基础上获取自己需要的利益,一方面,应避免陷入争夺三国合作活动最高领导权的怪圈,三国应从合作共赢角度去思考经济合作问题,避免中蒙俄在经济活动中产生不合的现象;另一方面,由于蒙古国与中俄相比,国民收入较低,在国际贸易中处于劣势,所以中俄在三国经济走廊活动中,适当在经济上多让利于蒙古国,以寻求三国经济的共同繁荣。最后,要积极增加中蒙俄三国最高领导人会晤以外的各层次交流,不应将外交对象只限制于政府官员上,信息化的发展模糊了世界各个国家间的界限,大众传媒对各个国家外交活动日益重要,对国家重要领导人决策的影响也在增加,所以,三国首脑"应将外交对象从中俄蒙政府官员扩大到三国社会团体代表、三国主要媒体单位、三国大型经济组织等组织或人员上,以此来增加三国的影响力"。

### 7.1.2 建立多层次的对话磋商机制

中蒙俄经济活动并不是完全三国政府间的经济行为,而是需要其他层次外交与三国各部门大力支持的活动。所以三国经济走廊建设需要以三国最高首脑外交为引导,增强三国各部门之间的交流,要"在已建立三国经济磋商基础上,建立完善包括贸易等部门沟通渠道,构建三国都认可的贸易争端解决体系,以保证中蒙俄经济合作的顺利开展"。"充分利用蒙古国的地理位置,加强中蒙俄在经贸、人文等领域的合作。"我国应通过三个国家外交的带动和其他经济组织的交流,逐步把中蒙俄合作活动推向更利于三国经济利益方向发展。而我国在三国合作中应明确以下内容:

　　首先,要明确我国与蒙俄进行商业活动的目的,即在满足本国利益基础上,促进中蒙俄的经济共同发展。进入 21 世纪后,我国分别与蒙俄建立战略伙伴关系。只是三国关系发展最初是受国际关系变化所导致的:一方面,中俄两国战略契合点是俄方"对西方国家一边倒"政策的失败,加之"北约东扩"给俄方战略空间造成较大的挤压,受到挫折后俄罗斯只好将经济发展方向转到东方,中俄更深层经济合作由此展开,乌克兰危机更是将俄罗斯向我国靠拢,然而中俄两国间还是存在结构性矛盾,两国间经济文化有所不同,也都分属于不同民族;另一方面,中俄与蒙古国有着地缘关系,这使蒙方与中俄交往有所保留,有时还通过引入其他国家势力来制衡中俄在蒙方的影响力。因此,外部动力虽在某种程度上促进中蒙俄三国友好关系的形成,但该"动力"中却隐藏着"矛盾"。所以中蒙俄应从长远利益出发,通过经济活动建立利益共享、相互信任等内生性机制,促进三方在信任对方基础上靠"正能量"进行更深度的经济合作,而不是因某种国外挤压或国内经济问题被捆绑在一起。总之,利用各种合理方式促使中蒙俄形成基于共同利益基础上的内生动力,才是符合三国经济合作发展需要的重要正能量。

　　其次,促进中蒙俄在不同领域对话机制上的协调。三国虽然在经济战略大方向上能保持一致,但当前初步形成的经济贸易结构框架还较为松散。主要原因在于三国经济走廊建设是依照由上及下的路径,"许多机制的形成与建立,包括各种协议的制定都不是三方'水到渠成'的产物"。在我国与俄罗斯以往交往中,两国间经济合作等协议常流于形式,无法得到落实。中蒙俄三方磋商机制虽多(有三国领导人、三方政府部门间,也有政党间等交流机制),但没有建立一个能够均衡协调各方利益的交流机制。所以,在中蒙俄三国经济合作、贸易活动磋商机制建设中,需要将各种上下交叉的机制整合在一个系统中,"使其既能依照合理方式独立运行,又能对三国经济贸易活动实施有效的调节",形成一个三国都能够接受的跨国家高效信息运作平台,从而提升中蒙俄在贸易活动领域中信息传递的有效性。

再次,要针对中蒙俄贸易争端建立解决机制。由于中蒙俄三国在经济文化上有一定的差异性。在国际层面,中蒙俄要实现的目标也不一致,如俄罗斯希望成为世界有影响力的大国,蒙方则希望能够在政治上与经济上保持独立,而我国则是以促进国内经济、努力提高国民生活、以和平崛起为目标。因而中蒙俄在某些问题上必然会产生摩擦,且随着三方合作的进一步深化,三国经济走廊建设也必然会更多触及中蒙俄各国的利益。如何妥善处理中蒙俄在贸易中产生的摩擦问题,将是三国后续经济合作中将要解决的问题。所以,我国应联合蒙俄两国借鉴目前一些国家在解决国家贸易争端上的经验,结合三国特点,构建三国都认可的贸易争端解决机制。

## 7.2 促进三国基础设施互联互通

基础设施互联互通是"一带一路"建设的优先领域,中蒙俄三国应加强各国基础设施和口岸的建设,提升"中蒙俄经济走廊"建设的经济效应。

### 7.2.1 突破经济走廊基础设施"瓶颈"

首先,中蒙俄应加强各国基础设施的建设,尤其是加快完善各自国内铁路、港口等基础设施,尽力使本国陆运、管道等运输渠道畅通无阻,各自加强本国口岸基础设施建设,对运输管理系统进行合理地完善,在三国建立中蒙俄能够相互沟通的信息平台,促进三国联通亚欧大陆的运输网,以增加与其他国家贸易活动。在 2009 年,国务院对中蒙俄合作及三国大通道建设活动作出合理规划。而从吉林省发布的关于国际通道建设文件中可以了解到,吉林省将开辟珲春到俄罗斯扎鲁比诺港,再到日本新泻,之后到韩国釜山的陆海联运输线,积极筹备中蒙两国从乔巴山经阿尔山、长春至珲春快速铁路建设的各种事宜。在 2013 年 8 月我国珲春到俄罗斯铁路列车正式重启。在 2015 年 5 月我国吉林珲春与俄、韩陆海运输线正式开通,这标志着吉林省能够直接通过便利的运输网与俄罗斯、韩国展开紧密合作。这三条运输大通道的贯通,有效地将吉林省经济与俄韩经济联合到一起。大连、长春等东北城市与三大国际通道实现对接后,就能将本地区生产的货物源源不断地输送出去,也能将自己需要的资源从俄韩地区输送进来,将东北重要城市、主要经济地区与俄罗斯远东城市、蒙方矿业区紧密联系起来。我国东北地区与蒙俄韩交通网的互通将有利于推动东北地区提升开放型经济水平,也有利于图们江领域次区域经济合作,吉林省经济会因此得到更大发展空间。

其次,在铁路运输路线项目建设方面,中蒙俄三国在积极完善本国铁路网络,加快形成具有强大运输能力的铁路网,提升本国铁路运输能力,形成现代化三国铁路运输路线,完善建设跨境铁路本国路段基础建设工作,确保三国国际铁路线路的畅通,提高进出口资源的转运效率。我国加开二连浩特等与国内经济城市客货运列车班次,建设以哈尔滨为枢纽的中俄主干铁路,形成放射状铁路网,达到哈尔滨与国内许多城市能够顺利通过国际路线与俄罗斯远东城市展开经济合作。在2013年10月25日,我国就与蒙古国签署中长期合作纲要,而其中在铁路建设活动的内容主要有:双方全力支持我国企业依照市场法则,参与蒙方新铁路项目承建工作;中国愿意在蒙方铁路改造活动中,积极与蒙方各相关组织开展合作与交流;双方将携手促进策克—西伯库伦等铁路的建设活动,以达到推进蒙方各铁路项目建设进程的目的;双方通过增强过境运输合作,支持蒙方将该国矿产品通过我国销售到其他国家。而蒙古国于2014年4月7日在乌兰巴托与中方签署中蒙合资建设蒙方铁路协议,两国将修建由中国甘其毛都到蒙方嘎舒苏海图之间的铁路,当该铁路修建完毕通车后,蒙方煤矿将会更快速地被运送到我国境内。而蒙古国建设的过境高速公路是一条起始于蒙方阿拉坦布拉格,之后经蒙方达尔汗到达乌兰巴托,然后南下到达内蒙古二连浩特口岸的公路。如果这条公路顺利完工全线贯通,那么将会与我国"二广高速"等公路连接上,并能直达我国天津港。这将有效提高我国"京津冀"地区与蒙古国公路网覆盖地区的经济交流活动,增加中蒙两国之间在公路上的运输能力。可以预见,在该公路贯通后,中蒙两国的商品交易数量将会得到更大增加。

第三,在中蒙俄公路建设方面,蒙方主要是建设主要公路口岸通道、主要公路口岸至蒙古国腹地的高等级公路等;我国应加快建设与蒙俄对接的公路,对以前建成口岸公路实施扩建改造工程,加快形成通往蒙俄地区的公路通道,提高前往蒙俄国家公路的服务水平,达到提高跨境公路运输能力的水平,使中蒙俄公路网能够为所覆盖地区人们提供更优质的服务。

第四,航运是蒙古国十分需要的运输方式。蒙古国是内陆国,十分需要通过海运实现与世界相关国家进行贸易活动,扩展本国对外合作的空间;中俄也需要相互借助对方的帮助拓宽本国的海路运输。如中国可协助蒙俄从上海、广州等地实现货物出口到东南亚各国的目的,俄罗斯可帮助中蒙经波罗的海将产品运往欧洲,扩大三国在运输领域的运输范围。在航运建设方面,我国在加大各港口设施建设力度,进一步提升这些港口的运输能力。在黑龙江、乌苏里江、嫩江分别建设抚远港、饶河港、富拉尔基港,通过建设与扩大这些港口,增加其中转货物的能力,扩大水陆联运的能力,促进水上物流业的快速发展。

第五,在航空建设方面,我国应大力增加对航空设施建设方面的投资。对哈尔滨、二连浩特等机场进行扩建,之后以这几个机场为核心,连接蒙俄航空体系。在2016年5月6日,由我国相关单位承建的蒙古国乌兰巴托—呼席格宏迪新国际机场公路工程破土动工。乌兰巴托—呼席格宏迪新国际机场项目位于蒙古国中央省格楞县境内的呼席格宏迪,距首都乌兰巴托约50公里。2017年新国际机场投入使用后空运客流量能达到120万人次。为此,蒙古国政府决定修建乌兰巴托—呼席格宏迪新国际机场公路。该公路为蒙古国第一条高等级公路,线路起点为雅尔马格收费站,终点为呼席格宏迪国际机场相接处。

第六,油气是我国重要的资源性商品,因此油气管道铺设则成为中俄间最有意愿的合作项目。由于中俄分别为油气需求方与销售方,双方在油气能源合作中对彼此经济影响巨大,而蒙方则希望中俄油气管道能铺设于蒙古"草原之路",使俄石油能通过蒙古国输入中国,再进一步输送到其他地区。而俄罗斯提出将中哈原油等管道向北延伸与俄油管道连通,将石油输入我国新疆,再进一步输送到南亚等地区。贯通俄—蒙—中、俄—中亚—中的油气管道,不但能给蒙中两国提供更多的能源,提高俄方的经济收益,还可对接中西南亚经济走廊,形成具有国际影响力的亚欧能源大动脉。

### 7.2.2 加强口岸建设

提升中蒙俄在边境口岸建设上软硬件的水平。中蒙俄应积极对本国口岸基础设施加大改造力度,使这些设施更符合经济发展的需求;加强各自口岸医疗水平,推进三国在贸易、科技等方面的交流活动,提高三国在口岸管理及产品品质监管等方面的创新能力,提高三国经济组织跨境通货能力。

我国应加大对口岸管理力度,尽快完善各口岸的各种功能。目前,我国口岸多存有基础设施陈旧、政府投资不足的现象,这些现象是口岸功能发挥效率降低的主要因素之一,所以应通过以下几种方式提高口岸的通关能力:

第一,促进口岸基础设施建设与改造,提高口岸在货物运输以及装卸上的能力;加强中蒙俄在边境口岸进行医疗合作的能力,提高三国口岸在信息传递上的能力;加强中蒙俄过境货物的检疫能力;提升三国港口对进出口货物监管的能力;增强三国口岸转运货物的能力。

第二,要增加三国口岸的出境效率,促进三国"互联网+口岸"出境模式的形成。利用互联网、信息技术等技术,推进"一站式作业",强化口岸各单位管理工作,使一体化管理模式有效运行于口岸管理活动中。

第三,提高我国东北各省口岸通关能力,突破各个地区行政区域制约,各口岸统一实施一种操作模式,促进中蒙俄贸易更加便利化。应尽快完善货币结算办法,在有条件的口岸内实施本币结算试点,以减少外贸经济组织的汇率风险,规避该类风险是所有外贸企业都愿意看到的事情。随着中俄蒙合作范围的加大,三国间合作领域也将更加广泛,建议中俄蒙三国应在边境口岸设立领事机构,代表国家及时处理口岸贸易活动中的摩擦问题,推动"走出去""开放型"战略的顺利实施。最后是随着国家"走出去"战略步伐的加快,建议我国政府应为"陆海联运通道"制定合理的管理策略,以解决国内产品出口受限问题。目前,呼伦贝尔市已规划了3条跨境铁路,但由于涉及部门多,又没有主要单位牵头,地方政府向上级领导争取项目资金耗时过长,进展也比较慢,这样会延缓跨境铁路建设进程,导致该地区对外开放速度放缓。

## 7.3　提升投资贸易便利化水平

投资贸易合作是"一带一路"建设的重点内容。中蒙俄三国应深化三方的投资合作,改善三国的贸易结构,加快中蒙俄边境经济合作步伐。

### 7.3.1　深化三方双向投资合作

首先,要加强中俄蒙在矿产开采、油气运输、高技术创新、农林牧产业开发等领域的合作,实现各个产业共同发展,形成紧密相连相关产业、具有高度创新力的产业生产网络。

在矿产能源领域,现阶段中蒙俄能源合作重点为建设俄罗斯通往我国油气管道,扩大我国与蒙俄石油、天然气的合作规模。不断扩展能源开发产业链,加大对俄罗斯和蒙古国资源引进和开发的力度。在此过程中,重视我国与蒙俄在天然气、石油、页岩气、煤炭以及有色金属等领域的开发与合作,鼓励我国优质企业以成套设备出口、直接投资、收购与兼并或者承包工程等方式在蒙俄两国建设钢材等工业原材料生产基地以及资源深加工基地,在俄蒙两国开展能源资源上下游深加工,延伸产业链,提升能源价值,做大做强产业链。考虑到蒙俄两国企业资金短缺的情况,应鼓励我国具有优势的矿产机械设备制造企业到当地积极开展融资租赁业务。在电力方面,我国可凭借地缘优势,在蒙俄当地进行电站建立与输电线的架设工作。我国应积极鼓励我国电力设备类企业借此机会"走出去",通过在当地投资电厂建设,推动当地企业更新电力设备等方式促进我国输变电设备的出口。

当前,俄罗斯和蒙古国正处于大规模建设基础设施阶段,将对重工业生产组装、大型工程建造等相关生产与运输工程机械设备产生巨大需求。我国企业应抓住这一历史机遇,充分发挥工程制造行业的竞争优势,通过向蒙俄出口工程制造机械以及在当地建立工程制造机械的相关生产基地,以达到出口我国优势产能,提升与蒙俄产能合作水平的目标。在交通运输设备领域,蒙俄的重点是基础设施建设,尤其俄罗斯对于公路、机场以及高速铁路需求巨大。我国的上述产业具有较强的国际竞争力,不仅拥有自主品牌,而且拥有先进的技术水平,其中高铁已成为我国装备制造业与其他国家进行产能合作的名片。因此,应加大交通运输设备的输出力度,以与蒙俄进行交通基础设施产业合作的方式促进相关设备的出口。在信息技术和电子通信产业领域,俄罗斯和蒙古国对于电子信息产品的消费需求量巨大。其中,电子信息产品是俄罗斯第一大类进口产品。我国可充分发挥信息通信和智能终端等产业的国际竞争优势,在支持电子信息产品扩大对蒙俄的出口的同时,鼓励我国电子信息产业在蒙俄当地建立生产基地,加强同蒙俄的技术合作,建立我国电子信息产业的全球价值链。与此同时,不断扩大三方之间电信网络,增加互联网流量,建立中俄与中蒙的双边通信网络,扩大国与国之间的国际通信业务;加强电子商务合作,增加我国产品输出渠道,推出一系列提高中转流量的举措;依托我国民用航天设施,开展三方卫星在服务领域中的紧密合作,扩大中俄蒙在该领域的合作范围。

蒙古国和俄罗斯的农业资源极其丰富,有待开发。俄罗斯土地广袤,但缺乏人力资源;蒙古国土地肥沃,但农牧产品产量不足,农业基础设施极其匮乏,我国与蒙俄两国在这一领域的合作潜力巨大。一是通过鼓励龙头企业或农业跨国公司以合资、收购等方式与蒙俄两国开展农牧业合作;二是对农牧产品进行深加工,延长农牧产品生产的价值链;三是改良当地的经济作物,开展农牧业上游原料的开发和生产,如饲料加工、土壤改良以及有机肥料的生产和农牧产业链的投资与合作。俄罗斯是世界上森林资源第一大国,但木材加工业与其林业资源并不匹配。而我国木材开发及精加工产业已有多年的发展经验,具有一定的国际竞争力。中俄两国在林业方面的合作,既能够满足我国对于木材的需求,又能够提升俄罗斯林业产品的附加值,带来丰厚的经济效益,形成双赢的局面。

在轻工业制造业领域,俄罗斯是以重工业为主的产业结构,蒙古国尚未完全建立完整的工业体系,轻工业产品较为匮乏,国内生产的产品不能够满足人民的消费需求。我国的纺织服装、皮革、食品、造纸、家电、家具等轻工业制造产业已成为具有竞争优势的产业,拥有先进技术和优质产品。相关产业的产能合作内容包括,一是鼓励我国相关企业扩大面向蒙俄市场的产品出口。二是支持我国企业到俄罗斯和蒙古国投资,或与当地企业进行合资合作,利用两国丰富的原材料资源,发展自然资源的深加工业,提升当地企业的利润空间。三是支持对蒙俄的技术输出,向两国出口成套加工设备以及先进的加工制造技术,从而帮助蒙俄两国企业提高生产效率,提升产品质量。四是推动我国民族品牌到蒙俄进行投资,建立生产加工基地,加大合作力度,开发适合当地需求的产品。

其次,要提高中蒙俄政府、民间组织在投资方面的沟通能力。在本书存在的问题分析中可得知,中蒙俄之间的贸易结构、投资结构是不平衡的。我国对蒙方投资主要在蒙古国矿产开发领域中,虽然这两年也开始与蒙方其他组织进行合作,只是在蒙古国进行其他经济活动时,因涉及范围过小,且又因受信息不对称等因素影响,导致投资活动因蒙古国政策性或民间阻碍等问题制约,发展一度缓慢,这些投资合作还有后继不足的问题。所以要提高中蒙政府、民间组织的沟通能力,为避免国家投资而带来不必要的干扰,中蒙俄应鼓励本区域的企业直接与国外组织合作,即政府负责搭建交流平台,中俄蒙有实力企业可以在该平台进行洽谈,根据自己的需要选择对应的合作伙伴,逐步实现三国民间经济组织在多领域深层次的合作,从而推动中俄蒙三国经济的快速发展。

### 7.3.2 改善中蒙俄贸易结构

加大我国与蒙俄两国在科学技术上的交流活动,改进中俄蒙贸易结构。虽然三国间贸易有一定的互补性,在一定程度上可使中蒙俄能发挥各自的比较优势。如中国劳动力人口众多,劳动力成本较低,因而一些轻纺工业、鞋靴制造业等产品价格就相对较低,有一定的价格优势。而蒙古国有铁、铜等矿产资源,这类资源在国际市场中有一定的价格优势。但这些都让中蒙俄在尽力向有比较优势的产业方面发展,导致三国产业发展处于不平衡状态。如我国在与俄罗斯早期贸易时向对方出口一些日用产品,其中包括服装食品等。近年来,我国向俄罗斯出口机械设备、电子类产品比重在增加。我国从俄进口的产品多为初级产品,其中多数产品附加值低、科技含量低,是缺少技术含量的产品。显然这种贸易结构有着较大的不合理性,使中俄贸易产品输出量受到限制,而且这种贸易结构也与中俄两国技术实力不相称。所以中俄贸易结构急需得到进一步改善。为此,中俄应各自加强本国民众自主创新能力,充分利用各自国家技术人才、本国技术设备资源,积极发展技术含量高的产业,提升出口产品的技术附加值,使双方能在两国贸易中得到质量更高的产品,获取更大的利益。我国应对开发与制作高附加值产品的企业实施减免一定税收,以提高这些企业开发产品的能力,使他们能生产更多的高科技产品,提高我国该类产品的出口尤其是增加对俄出口份额。同时,中俄还应积极开展更广泛的经济合作,将合作范围扩展到金融、航空等领域。在交往中,中俄蒙三国应在科技上增加交流力度,注重对自己国家知识密集型产业的发展扶持,优化本国产业结构,避免出现本国产业结构过于单一的现象,提高本国高技术产品的出口量。

### 7.3.3 加快中蒙俄边境经济合作步伐

(1)加快中蒙俄边境经济合作步伐。想加快三国经济合作步伐,就必须持续探索有利于三国经济利益的合作新方式,扩大三国的合作领域,在贸易合作中勇于创新,主动提出新合作思路。国家最高领导人互动是提高三国贸易合作的高速路,地方政府间的互动则是加快三国经济合作的快车道。所以,我国最高当局应鼓励国内地方政府主动走出国门,探索中蒙俄地方政府间经贸合作模式,特别是加快三国地方政府间跨境经济合作区建设步伐,在口岸贸易活动中积累中蒙俄在贸易自由化方面的经验,为三国自贸区建立进行前期准备,尽早将三国自贸区建设活动提到三国经贸洽谈的议事日程上。

中蒙加强区域经济合作是符合中蒙经济发展需求,也是中蒙两国实现贸易扩展的重要路径。国际经济的动荡与危机,给发展中国家如蒙古国经济发展带来新的机遇与挑战。在新形势下,中蒙两国应利用两国在地域上的优势,早日实现两国在经济文化的优势互补,积极探讨该自贸区的建设活动。在前几年,蒙古国投入 3 000 万美元修建了自由贸易经济区,但由于该国在法律法规、优惠政策等方面仍存有一些问题,未能达到贸易自由化市场的要求。后来,因建设资金不足,该自贸区到今天也没有被蒙方正式使用。所以两国应共同协商,按照国际相关惯例,以中蒙两国边境口岸城市为依托,在内蒙古选择适宜的地点建立中蒙边境自贸区,从而实现两国在贸易活动上的高度自由化。在中蒙边境自贸区,可以实施减低产品关税,扩大国内市场需求,吸引更多国内外经济组织在此自贸区入驻,培育商贸、旅游等产业集聚,为人们提供更多的创业就业机会,使该自贸区成为中蒙经济合作的纽带与桥梁,让其成为中蒙两国经济腾飞的重要支撑点。此外,中蒙两国还应拓展两国投资渠道,扩大双方投资范围,协商建立有益于两国经济发展的投资政策,为对方投资者提供最简单的投资审核手续与便利条件,从而解决企业在本国项目投资手续烦琐的问题。由于俄罗斯多年来始终力图实现独联体经济一体化,并试图与欧美强国建立友好合作关系,致使中俄两国贸易谈判处于停滞状态,没有取得任何进展。随着乌克兰危机的产生,欧美对俄经济制裁事件的出现,使俄罗斯对国际政治形势开始重新进行审视,调整自身对外经贸策略,增加与我国政府经贸合作力度。在 2015 年 5 月,中俄正式签署与能源、通信等领域相关的合作文件。除此之外,中俄两国跨欧亚高速铁路建设、两国天然气输送项目建设都取得一定的进展。这些活动都为两国自贸区建立奠定了现实基础,中俄可参照中韩两国在建立自由贸易区上的成功经验,并将这些经验合理引入中俄两国自由贸易区建设活动中来,从而使两国经济贸易活动更上一个台阶。

(2)创新中蒙俄边境经济合作模式。中俄蒙三国同属东北亚经济圈,我国内蒙古与黑龙江凭借地理优势成为我国与蒙俄两国贸易合作的中心枢纽,成为蒙俄两国商品出口的重要地区,也是转运蒙俄两国产品的重要地区。以黑龙江省与内蒙古自治区为核心,构建我国与蒙俄两国的自由贸易区,将会为三国贸易活动带来巨大的促进作用。目前中蒙两国在边境口岸建设硕果非常丰厚,如干其毛都口岸现已成为进口蒙古国矿产品输入的重要口岸,成为中蒙贸易的最佳通道,经过多年的建设,干其毛都边境口岸功能日趋完善,年贸易量得到较大的提升。近年来,中蒙两国不断在边境地区创新合作模式,干其毛都加工园区接受蒙方矿产品实施再加工策略,旨在建设蒙方输入资源加工基地,以发展煤焦电化等产业为主,以实现干其毛都经济高度发展为目标。中俄边境口岸以满洲里、绥芬河为重点,满洲里、绥芬河均建有陆港保税区,绥芬河与俄方正在携手建设跨境经济合作区。目前,中俄正在同江与黑河口岸携手修建跨国铁路桥,两条铁路桥的建成将会进一步增加中俄两国口岸贸易量。从铁路建设到边境经济合作区建立,中俄蒙三国都在为三国贸易出人出力,投入大量建设资金,创新经济合作模式,探索海关新机制建立方案,不断提高贸易便利化水平。

## 7.4 拓展人文交流与生态环保合作

### 7.4.1 拓展人文交流

中蒙友好政治关系与文化交流一直是中蒙经济合作的基础,也是两国继续合作的主要动力。但是两国应拓展人文交流,实现民心相通,增强中蒙两国民众对两国文化的理解,这样才能减少两国民间经济组织在合作中的摩擦,实现中蒙两国区域贸易合作长久发展。中俄两国人文交流有深厚的基础,近些年中俄文化交流活动得到长足发展。

因此,中蒙两国应全面加强政府间政治互访、民间组织间文化交流活动,在增进中蒙高层间互相信任时,推动民间组织之间在各方面的交流活动,促使中蒙合作关系更为紧密。两国应经常举办双方人们都喜爱的文化交流活动,对参与文化交流组织与个人进行鼓励,坚持互信互敬原则,增进两国民众间的友谊,为中蒙经济发展、双方贸易营造良好的发展空间和奠定扎实的民意基础。在全球化大背景下,得益于交通网络设施的大幅度发展,各国人民相互之间的访问及文化交流变得空前便利。一方面,建议三方国家对于相互之间的旅游线路进行积极推进,造访当地的生活,感受当地社会氛围和文化,是加强民间文化交流的最有效手段。另一方面,中国可以在蒙俄两国设立孔子学院,宣扬我国精神文化,用来增进三国在思想、文化上的交流;以教育为切入点进行思想交流,与蒙俄展开包括医学科技、旅游等方面的交流活动,在蒙俄,尤其要在蒙古国建立高水平医院,通过医学科技交流增加三国人民的感情,扩大中蒙俄民众往来的频率。

目前世界已进入以现代技术为基础的信息时代,各种媒介都是国家外交、贸易活动信息的传播者,因此如何通过媒体推动中蒙俄贸易活动则是三国都要考虑的问题。一方面,媒体应注意信息收集与报道的准确性,需加强与中蒙俄媒体的交流频率,建立合规的舆论导向,从而报道出与三国经济活动相关的各种信息;另一方面,媒体应加强对中蒙俄首要人物、国家贸易主管、人文现状、贸易往来的介绍,在分析报道三国相关信息时不应停留在表面上,而应对内容进行深度挖掘,挖掘出三国经济活动内在的真正意义。

### 7.4.2　加强三方生态环保合作

促进中蒙俄在生态保护方面的合作。中蒙俄应对三国环境问题展开交流活动,消除彼此间在保护生态环境方面的分歧,具体方法如下:一是建立中蒙俄生态信息交流平台,促进三国在湿地保护、森林保护等方面的合作以提高各国的生态环境质量;二是增强中蒙俄各国防治灾害的能力,加强三国在草原虫灾等方面的信息互通,建立三国共同处理灾害的机构,以方便在其中一国出现灾害时,另外两国能够给予适当的帮助,达到避免灾害扩大的目的;三是创新中蒙俄环保合作模式,依托三方达成的合作协议,加强中蒙俄区域合作,合理解决三方在生态保护方面出现的分歧,建立三方都认可的生态保护机构,负责调节三国在合作区域中协调维护当地的生态环境,为此中蒙俄应尽快在环境保护领域中建立三方都赞成的合作平台。

# 参考文献

［1］Евсеев С. В. Эффективность транспортных услуг в современных условиях［M］. Экономические науки,2016(3):121—136.

［2］Бажанов Е П. Дацышен. "россия и Китай: четыре века взаимодействия. История, современное состояние и перспективы развития российской-китайских отношений" ［M］. Экономический журнал высшей школы экономики,2015(1):45—80.

［3］Giovanni Capannelli & Masahiro Kawai. The Political Economy of Asian Regionalism［J］. *Issues and Challenges*,2014:1—18.

［4］Li Yao. Asia-Pacific Integration Within A Broader Trans-Pacific Partnership Agreement［J］. *China Economic Journal*,2014,7(2):221—236.

［5］Jeffrey Reeves. Sino-Mongolian Relations and Mongolia's Non-traditional Security ［J］. *Central Asian Survey*,2013,32(2).

［6］Gregory J. Moore. Constructing Cooperation in Northeast Asia:Historical Northeast Asian dyadic cultures and the Potential for Greater Regional Cooperation［J］. *Journal of Contemporary China*,2013,22(83):887—904.

［7］Areerat Todsadee, Hiroshi Kameyama, Peter Lutes. The Implications of Trade Liberalization on TPP Countries' Livestock Product Sector［J］. Tech. Bull. Fac. Agr. Kagawa Univ,2012(64):1—6.

［8］Todsadee Areerat,Hiroshi Kameyama. Trans-Pacific Strategic Economic Partnership With Japan,South Korea and China Integrate:General Equilibrium Approach ［J］. *American Journal of Economic and Business Administration*,2012,4(1):40—46.

［9］Davidvon Hippel,Tatsujiro Suzuki. Northeast Asia Energy［J］. *Energy Security and Sustainability in Policy*,2011(9):6719—6730.

［10］Bloomberg. New Energy Finance, in World Economic Forum［R］. Green Investing 2011:Reducing the Cost of Financing,2011(4).

［11］Peter A. Petri,Michael(Plummer) Fan Zhai. The Trans-Pacific; Partnership and Asia Pacific Integration: A Quantitative Assessment［R］. East - West Center Working Papers,2011(119).

［12］Портяков В. Видение многополярности в России и Китае и международные вызовы［J］. Проблемы Дальнего Востока,2010(4):93—104.

［13］Carlos Pascual,Jonathan Elkind. *Energy Security*［M］. Economic,Strategic and Brookings Institution Press,Washington,D. C. ,2010.

［14］Martina Brockmeier,Janine Pelikan. Agricultural Market Access: A Moving Target in the WTO Negotiations? ［J］. *Food Policy*,2007,33(3):250—259.

［15］Winters L. A. ,Chang W. Regional integration and import prices: An empirical investigation［J］. *Journal of International Economics*,2000,51 (2):363—377.

［16］Franker J. A. , Wei S. J. *Regionalization of World Trade and Currencies:Economic and Politic*［M］. Chicago:University of Chicago Press,1998.

［17］Deardorff Alan. Determinants of Bilateral Trade:Does Gravity Work in a Neoclassical World? ［M］. in Jeffrey Frankel (ed. ). *The Regionalization of the World Economy*. University of Chicago Press,1998.

［18］Thomas W. Hertel and Marinos E. Tsigas. Structure of GTAP. Draft of Chapter 2 ［M］. *Global Trade Analysis:Modeling and Applications*,Cambridge University Press,1997.

［19］Baldwin,Richard E. The Causes of Regionalism［J］. *World Economy*,1997,20(7): 865—888.

［20］Barrett S. The Strategy of Trade Sanctions in International Environmental Agreements［J］. *Resourceand Energy Economics*,1997,19(4):345—361.

［21］Walz U. Dynamic effects of economic integration:A survey［J］. *Open Economies Review*,1997,8(3):309—326.

［22］Karras G. Economic Integration and Convergence:lessons from Asia,Europe and Latin America［J］. *Journal of Economic Integration*,1997,12(4):419—432.

［23］Baldwin R. , Rikard F. , Jan, H. Investment Creation and Investment Diversion:

Simulation Analysis of the Single Market Program[R]. NBER Working Paper, No. 5364,1995.

[24]Chowdhury Abdur. Does Exchange rate Volatility Depress Trade Flows? Evidence from Error correction Models[J]. *Review Economics and Statistics*,1993, Vol:75:700—706.

[25]Andrew Mack. Security Cooperation in Northeast Asia:Problems and Prospects [J]. *East Asia*,1992,11(2):21—34.

[26]Asseery A. ,Peel,D. A. The Effects of Exchange Rate Volatility on Exports-Some New Estimates[J]. *Economies Letters*,1991,(2):173—177.

[27]Martin J. Bailey and George S. Tavlas. Trade and Investment Under Floating Rates:the U. S. Experience[J]. *Cato Journal*,1988(8):421—449.

[28]Brada J. , Mendez,J. A. An Estimate of the Dynamic Effects of Economic Integration[J]. *Review of Economic and Statistics*,1988,70 (1):163—168.

[29]Bergstrand,Jeffrey. The Gravity Equation in International Trade:Some Microeconomc Foundations and Empirical Evidence[J]. *Review of Economics and Statlsties*,1985,67(3):474—481.

[30]Abrams R. K. International Trade Flows under Flexible Exchange Rates[J]. *Economic Review*,Federal Reserve Bank of Kansas City,1980(3):3—10.

[31]Aitken N. The Effect of the EEC and EFTA on European Trade:A Temporal Cross Section Analysis[J]. *American Economic Review*,1973,63(5):881—892.

[32]Armjngton,Paul S. A Theory of Demand for Products Distinguished by Place of Production[J]. International Monetary Fund Staff Papers,1969,16(1):170—200.

[33]Tinbergen J. *Shaping the World Economy:Suggestions for An International Economic Policy*[M]. The Twentieth Century Fund,1962.

[34]Meade J. E. *The Theory of Customs Union*[M]. Amsterdam:North Holland Publishing Company,1955.

[35]Viner J. *Customs Union Issue*[M]. Carnegie Endowment for International Peace, New York,1950.

[36]李艳华."中蒙俄经济走廊"经济效应影响因素及贸易潜力分析[J]. 统计与决

策,2019(3):154—156.

[37]李艳华,曹张龙."中蒙俄经济走廊"建设存在的问题和对策[J].边疆经济与文化,2018(12):15—16.

[38]张思琪.中蒙贸易发展的制约因素与对策探索[J].产业与科技论坛,2018(4):33—34.

[39]李艳华,戴丽."中蒙俄经济走廊"经济效应实证分析——基于GTAP模型的模拟分析[J].对外经贸,2018(2):6—8.

[40]包明齐.中蒙次区域经济合作发展现状及其影响因素研究[J].中国市场,2018(5):102—103.

[41]杨洋,董锁成,李泽红.中蒙俄经济走廊背景下中俄能源合作进展、驱动力、挑战及对策[J].资源科学,2018(32):237—249.

[42]周艳玲,解瑯卓.新形势下中俄经贸合作探讨[J].知识经济,2018(2):51—52.

[43]习近平.决胜全面建成小康社会 夺取新时代中国特色社会主义伟大胜利[M].北京:人民出版社,2017.

[44]李艳华,郭振."中蒙俄经济走廊"建设经济效应分析[J].哈尔滨商业大学学报:社会科学版,2017(4):94—100.

[45]邓羽佳,秦放鸣.新常态下中蒙俄经济走廊建设问题研究[J].内蒙古社会科学:汉文版,2017(2):206—212.

[46]崔艳娟,阿兹图希格,都仁嘉日嘎乐.图格里克汇率变动对蒙古国对外贸易的影响[J].内蒙古社会科学:汉文版,2017(4):205—212.

[47]刘爽.构建国际合作新平台 加快中蒙俄经济走廊建设[J].学术交流,2017(11):137—141.

[48]鄂晓梅.中蒙俄经济走廊"五通"建设中的问题与对策[J].内蒙古社会科学:汉文版,2017(5):206—213.

[49]佟光霁,石磊.基于产业内的中俄农产品贸易实证分析[J].农业经济问题,2017(6):89—100.

[50]谢文心."一带一路"建设下中蒙经贸合作与发展[J].经济问题,2017(2):14—18.

[51]钟敏."一带一路"通道下中蒙经贸合作研究[J].物流科技,2017(1):113—115.

[52]拉木苏仁.中蒙俄经济走廊视阈下中蒙贸易发展模式研究[D].呼和浩特:内蒙

古大学,2017.

[53]郑娇."一带一路"对沿线区域的预期经济效应研究[D].上海:东华大学,2017.

[54]王金波."一带一路"经济走廊贸易潜力研究——基于贸易互补性、竞争性和产业国际竞争力的实证分析[J].亚太经济,2017(4):93—100,175.

[55]陈国喜."一带一路"倡议下的中蒙次区域经贸合作关系研究[J].延边大学学报:社会科学版,2017(4):33—41.

[56]刘彦君."一带一路"倡议下的中俄经济合作:新趋势、挑战及应对[J].国外社会科学,2017(3):102—112.

[57]班泽晋."一带一路"背景下中俄经贸合作的现状、问题及建议[J].中国商论,2017(1):72—73.

[58]李俊江,孟勐.中蒙经贸合作实现"量—质—量"升级的利益平衡策略研究[J].内蒙古社会科学:汉文版,2016(3):188—193,197.

[59]王海燕."一带一路"视域下中蒙俄经济走廊建设的机制保障与实施路径[J].华东师范大学学报:哲学社会科学版,2016(5):112—118,194.

[60]向洁,何伦志,闫海龙.中俄经贸合作现状、问题及其思考[J].商业研究,2016(8):99—106.

[61]郭连成.新形势下中俄新型经济合作关系的构建与发展[J].财经问题研究,2016(11):113—121.

[62]黄凤志.对中蒙俄经济走廊建设的战略分析[J].人民论坛,2016(13):62—73.

[63]刘威,丁一兵.中蒙俄经济合作走廊贸易格局及其贸易潜力分析[J].商业研究,2016(10):24—31.

[64]丁广伟.中蒙俄贸易现状及其潜力分析——基于随机前沿引力模型[J].西伯利亚研究,2016,43(5):45—53.

[65]朱婧,张静,付云鹏."丝绸之路经济带"视域下中蒙贸易潜力及贸易结构分析[J].商业研究,2016(4):106—111.

[66]杨文兰.中俄蒙边境三角区经贸合作方略[J].开放导报,2016(1):55—59.

[67]郑伟."一带一路"倡议下构建中蒙俄经济走廊的路径选择[J].北京工商大学学报:社会科学版,2016(5):31—38.

[68]何茂春,田斌."一带一路"的先行先试:加快中蒙俄经济走廊建设[J].国际贸易,2016(12):59—63.

[69]许娇,陈坤铭,杨书菲,林昱君."一带一路"交通基础设施建设的国际经贸效应[J].亚太经济,2016(3):3-11.

[70]王鹏,吴雪萍."一带一路"国家经济增长收敛性效应实证分析——基于空间依赖性视角[J].经贸实践,2016(3):11-12,14.

[71]习近平.打造中蒙俄经济走廊[N].人民日报,2015-03-29(004).

[72]赵鸣文.新形势下的中俄全面战略协作伙伴关系[J].俄罗斯东欧中亚研究,2015(4):48-56,95-96.

[73]中蒙俄经济走廊,开辟东北开放新通道[EB/OL].凤凰网,2015-03-26.

[74]于洪洋,欧德卡,巴殿君.试论"中蒙俄经济走廊"的基础与障碍[J].东北亚论坛,2015(1):96-106,128.

[75]王明昊.中俄蒙贸易互补性的实证分析[J].外国问题研究,2015(1):37-43.

[76]李新.中俄蒙经济走廊助推东北亚区域经济合作[J].俄罗斯东欧中亚研究,2015(4):25-33,95.

[77]邢广程.打造中蒙俄哈阿尔泰区域经济合作带[J].大陆桥视野,2015(8):44-46.

[78]刁莉,史欣欣,罗培.中俄蒙经济结构互补性与三国自贸区构建[J].亚太经济,2015(6):16-22.

[79]公丕萍,宋周莺,刘卫东.中国与俄罗斯及中亚地区的贸易格局分析[J].地理研究,2015(5):812-824.

[80]冯宗宪,李刚."一带一路"建设与周边区域经济合作推进路径[J].西安交通大学学报:社会科学版,2015(6):1-9.

[81]曾旭达."一带一路"背景下中国自贸区发展模式研究——基于GTAP的分析[D].杭州:浙江大学,2015.

[82]陈虹,杨成玉."一带一路"国家战略的国际经济效应研究——基于CGE模型的分析[J].国际贸易问题,2015(10):4-13.

[83]娜仁图雅,魏泽瀚.融合"一带一路"战略 助力中蒙俄经济走廊——基于二连浩特口岸的分析[J].宏观经济管理,2015(10):79-82.

[84]陈岩."一带一路"战略下中蒙俄经济走廊合作开发路径探析[J].社会科学辑刊,2015(6):133-135.

[85]张秀杰.东北亚区域经济合作下的中蒙俄经济走廊建设研究[J].学习与探索,

2015(6):105—108.

[86]杨文兰.对当前中蒙经贸关系发展的几点思考[J].对外经贸实务,2015(4):33—36.

[87]张秀杰.蒙古国经济发展放缓与中蒙经贸合作新思路[J].内蒙古社会科学:汉文版,2015(2):191.

[88]姜振军.中俄共同建设"一带一路"与双边经贸合作研究[J].俄罗斯东欧中亚研究,2015(4):41—47.

[89]于洪洋,[蒙]欧德卡,巴殿君.试论"中蒙俄经济走廊"的基础与障碍[J].东北亚论坛,2015(1):98—128.

[90]张婧.中蒙双边贸易合作发展的现状分析与前景研究[J].价格月刊,2015(1):36—39.

[91]图门其其格,王悦歆.中国与蒙古国口岸发展现状及存在的问题[J].内蒙古社会科学,2015(1):173—179.

[92]姜涛.中国对蒙古直接投资的贸易效应研究[D].合肥:安徽大学,2015.

[93]谭秀杰,周茂荣.21世纪"海上丝绸之路"贸易潜力及其影响因素——基于随机前沿引力模型的实证研究[J].国际贸易问题,2015(2):3—12.

[94]刘冰,陈淑梅.RCEP框架下降低技术性贸易壁垒的经济效应研究[J].国际贸易问题,2014(8):92.

[95][日]小岛清.对外贸易论[M].国宝廉,译.天津:南开大学出版社,1987.

[96]原瑞玲,田志宏.中国—东盟自贸区农产品贸易效应的实证研究[J].国际经贸探索,2014(4):65—74.

[97]贾凯威,杨洋.汇率与国际贸易关系研究:国外文献综述[J].经济问题探索,2014(3):165—170.

[98]A.B.奥斯特洛夫斯基."丝绸之路经济带"构想的背景、潜在挑战和未来走势[J].欧亚经济,2014(4):5—58.

[99]安兆祯.建立中俄自由贸易区的可行性研究[J].西伯利亚研究,2014(3):11—15.

[100]张磊,贾春旭.建立中俄自贸区的可行性分析[J].经济视角,2014(4):47—48.

[101]杨嘉宇,黄颖利.中俄贸易多维度互补性实证问题分析[J].经济师,2014(3):40—42.

[102]高晓慧.中俄贸易额在各自国家对外贸易中的贡献分析[J].俄罗斯东欧中亚研究,2014(4):28—34,95.

[103]余振,陈继勇,邱珊.中国—俄罗斯 FTA 的贸易、关税及福利效应——基于WITS-SMART 的模拟分析[J].华东经济管理,2014(6):63—69.

[104]郭晓琼.中俄经贸合作的新进展及提升路径[J].欧亚经济,2014(5):98—113.

[105]张厚明.我国淘汰落后产能对策研究[J].中国国情国力,2014(8):21—23.

[106]查嘎那道尔吉.蒙古国与中国之间的贸易引力问题研究[D].呼和浩特:内蒙古大学,2013.

[107]巴达玛.蒙中自由贸易协定可行性分析[J].吉林师范大学学报:人文社会科学版,2013(3):66—68.

[108]巴达玛.浅析蒙中两国矿产品经贸合作存在的问题及发展建议[J].吉林省教育学院学报,2013(2):147—148.

[109]包崇明.中蒙俄区域经济一体化战略研究[J].当代世界与社会主义,2013(1):111—115.

[110]王刚.基于亚欧融合和支线陆桥一体化双重背景下中蒙俄的差趋性分析[J].东北亚论坛,2013(1):19—30,128.

[111]萨伦.蒙中经贸合作的形势及对策[D].长春:吉林大学,2013.

[112]余鑫.中蒙关系的现状与前景[J].对外经贸,2013(10):24—25.

[113]刘彦君.后危机时期东北亚区域经济合作的新趋势及中国战略选择[D].金华:浙江师范大学,2012.

[114]左乐巴.中蒙边境贸易发展问题研究[D].上海:华东理工大学,2012.

[115]陈雪婷,陈才,徐淑梅.国际区域旅游合作模式研究——以中国东北与俄、蒙毗邻地区为例[J].世界地理研究,2012(3):152—159.

[116]张秀杰.新形势下黑龙江省扩大对蒙古国经贸合作的战略选择分析[J].对外经贸,2012(11):27—29.

[117]杜凤莲,赵鹏迪.中蒙、中俄贸易互补性及其潜力分析[J].广播电视大学学报:哲学社会科学版,2012(1):3—10.

[118]小苏.蒙中贸易结构及互补性分析[D].北京:首都经济贸易大学,2011.

[119]金昭,金夷.加强中俄蒙三国区域经济合作、构建连接欧亚的陆海联运大通道[J].俄罗斯中亚东欧市场,2011(12):1—4.

[120]刁秀华．辽宁参与东北亚区域合作的 SWOT 分析及战略定位[J]．东北财经大学学报,2011(5):36—43

[121]邝艳湘．当前中俄双边贸易的竞争性和互补性实证研究[J]．国际商务研究, 2011(1):41—48.

[122]朱传威．蒙中经贸关系的现状、问题及对策[J]．中国商贸,2011(26):220—221.

[123]诺敏．中蒙贸易互补性与竞争性研究[J]．现代商业,2011(6):192—194.

[124]邵冰．中蒙经贸合作的现状及对策[J]．经济视角,2011(8):168—169.

[125]方华．中蒙经贸关系的现状及前景[J]．现代国际关系,2010(6):47—57.

[126]董锐．中俄贸易互补性实证分析[J]．东北亚论坛,2010,19(3):51—57.

[127]董锐．中蒙贸易互补性分析[J]．中国商贸,2010(6):177—178.

[128]姚海华．东北亚一体化视角下的中蒙贸易关系演化分析[J]．国际贸易问题, 2010(8).

[129]武锐,潘鸿．黑龙江省与蒙古国经贸合作的潜力分析与对策建议[J]．黑龙江对外经贸,2010(8):4—6.

[130]芮明杰,富立友,陈晓静．产业国际竞争力评价理论与方法[M]．上海:复旦大学出版社,2010.

[131]王胜今．蒙古国经济发展与东北亚国际区域合作[M]．长春:长春出版社, 2009.

[132]那仁达来．外贸研究方法:引力模型[D]．乌兰巴托:蒙古国国立大学,2009.

[133]刘广慧．中国—东盟自由贸易区的贸易效应研究[D]．青岛:中国海洋大学, 2009.

[134]崔奇峰．中国—东盟自由贸易区建立的经济影响分析[D]．南京:南京农业大学,2009.

[135]张秀杰．黑龙江省与蒙古国经贸合作回顾与展望[J]．黑龙江社会科学,2009 (6):91—93.

[136]李俊江,宋博．中蒙经贸合作的现状与发展前景[J]．东北亚论坛,2008(2):3—7.

[137]张士鑫．简述中蒙经济合作的制约因素[J]．内蒙古财经学院学报,2008(5):51—55.

[138]胡吉松. 论中俄经济合作发展的趋势[J]. 中国商界(下半月),2008(1):7—8.

[139]肖开文. 中国—东盟自由贸易区的贸易与直接投资效应问题研究[D]. 大连:东北财经大学,2007.

[140]张宏,蔡彤娟. 中国—东盟自由贸易区的投资效应分析[J]. 当代亚太,2007(2):57.

[141]于学军. 中蒙区域经济合作战略分析[J]. 内蒙古财经学院学报,2007(4):14—19.

[142][蒙]那·图木尔. 蒙古国参与区域经济合作和发展与大国关系[J]. 现代国际关系,2007(11):46—49.

[143][俄]季塔连科,库济克. 2050年:中国—俄罗斯共同发展战略[M]. 冯育民,译. 北京:社会科学文献出版社,2007.

[144]郭力. 中俄区域合作的"伞"型模式[J]. 俄罗斯中亚东欧研究,2007(3):55—60,96.

[145]娜林. 中蒙经贸关系现状及前景[J]. 东北亚论坛,2007(2):15.

[146]肖开文. 中国—东盟自由贸易区的贸易与直接投资效应问题研究[D]. 大连:东北财经大学,2007.

[147]A. R. 雅科夫列先. 俄罗斯、中国与世界[M]. 粟瑞雪,译. 北京:社会科学文献出版社,2007.

[148]唐辉亮. 中蒙经贸关系的发展与存在的问题[J]. 商业时代,2006(34):36—37.

[149]宋岩,侯铁珊. 中国—东盟关税同盟区的贸易效应分析[J]. 国际商务——对外经济贸易大学学报,2006(2):13—18.

[150]哈斯. 蒙边境贸易发展中的金融服务问题及对策[J]. 中国金融,2006(6):59—60.

[151][蒙]H. 巴图其其格. 蒙古国与周边国家合作关系[J]. 国际关系研究,2006(8).

[152]周曙东,胡冰川,吴强,等. 中国—东盟自由贸易区的建立对区域农产品贸易的动态影响分析[J]. 管理世界,2006(10):19.

[153]陆奇岸. 比较优势与竞争优势的比较分析[J]. 贵州社会科学,2005(3):14.

[154]林毅夫,李永军. 比较优势、竞争优势与发展中国家的经济发展[J]. 管理世界,2003(7):23.

[155]杜敏. 国际贸易概论[M]. 北京:对外经济贸易人学出版社,2001.

[156]张序强,土金辉,董雪旺.中国东北地区与蒙古国经济技术合作[J].世界地理研究,2000(3):82-87.

[157]敖仁其.内蒙古与蒙古国经贸合作现状与前景[J].东北亚论坛,2000(4):35-36.

[158]希日莫.内蒙古和蒙古国经济贸易合作前景分析[J].北方经济,1995(1):42-43.

[159]娜琳和,恩和.东北亚区域合作与中蒙经济合作的构想[J].当代世界社会主义问题,1992(3):69-74.

# 附　录

中蒙俄进出口数据

| | 指标名称 | 2010 | 2011 | 2012 | 2013 | 2014 | 2015 |
|---|---|---|---|---|---|---|---|
| 中国 | 进出口金额 | 2 973 998 | 3 641 860 | 3 867 119 | 4 158 993 | 4 301 527 | 3 953 033 |
| | 出口金额 | 1 577 754 | 1 898 381 | 2 048 714 | 2 209 004 | 2 342 293 | 2 273 468 |
| | 进口金额 | 1 396 244 | 1 743 484 | 1 818 405 | 1 949 989 | 1 959 235 | 1 679 564 |
| | 对蒙古国出口金额 | 1 450 | 2 732 | 2 653 | 2 450 | 2 216 | 1 572 |
| | 对蒙古国进口金额 | 2 534 | 3 700 | 3 942 | 3 506 | 5 093 | 3 779 |
| 蒙古国 | 进出口金额 | 6 109 | 11 416 | 11 124 | 10 627 | 11 011 | 8 467 |
| | 出口金额 | 2 909 | 4 818 | 4 385 | 4 273 | 5 775 | 4 670 |
| | 进口金额 | 3 200 | 6 598 | 6 739 | 6 355 | 5 237 | 3 797 |
| | 对俄罗斯出口金额 | 79 | 89 | 64 | 41 | 40 | 44 |
| | 对俄罗斯进口金额 | 937 | 1 499 | 1 851 | 1 572 | 1 460 | 1 117 |
| 俄罗斯 | 进出口金额 | 638 352 | 833 963 | 863 206 | 863 105 | 804 683 | 534 421 |
| | 出口金额 | 392 673 | 515 408 | 527 434 | 521 835 | 496 807 | 341 466 |
| | 进口金额 | 245 679 | 318 555 | 335 772 | 341 270 | 307 876 | 192 955 |
| | 对中国出口金额 | 20 326 | 35 030 | 35 766 | 35 625 | 37 494 | 28 602 |
| | 对中国进口金额 | 38 964 | 48 202 | 51 634 | 53 173 | 50 856 | 34 951 |

**附录 B**　　　　　　　　　　　**各国 GDP 汇总**

| 国家 | 中国 | 美国 | 日本 | 韩国 | 法国 | 俄罗斯 |
|------|------|------|------|------|------|--------|
| 单位 | 亿元 | 十亿美元 | 十亿日元 | 十亿韩元 | 百万欧元 | 十亿俄罗斯卢布 |
| 2000 | 100 280.10 | 10 284.80 | 526 706.00 | 635 184.60 | 1 485 303.00 | 7 305.60 |
| 2001 | 110 863.10 | 10 621.80 | 523 005.00 | 688 164.90 | 1 544 629.00 | 8 943.60 |
| 2002 | 121 717.40 | 10 977.50 | 515 986.20 | 761 938.90 | 1 594 259.00 | 10 819.20 |
| 2003 | 137 422.00 | 11 510.70 | 515 400.70 | 810 915.30 | 1 637 438.00 | 13 208.20 |
| 2004 | 161 840.20 | 12 274.90 | 520 965.40 | 876 033.10 | 1 710 760.00 | 17 027.20 |
| 2005 | 187 318.90 | 13 093.70 | 524 132.80 | 919 797.30 | 1 771 978.00 | 21 609.80 |
| 2006 | 219 438.50 | 13 855.90 | 526 879.70 | 966 054.60 | 1 853 267.00 | 26 917.20 |
| 2007 | 270 232.30 | 14 477.60 | 531 688.20 | 1 043 257.80 | 1 945 670.00 | 33 247.50 |
| 2008 | 319 515.50 | 14 718.60 | 520 715.70 | 1 104 492.20 | 1 995 850.00 | 41 276.80 |
| 2009 | 349 081.40 | 14 418.70 | 489 501.00 | 1 151 707.80 | 1 939 017.00 | 38 807.20 |
| 2010 | 413 030.30 | 14 964.40 | 500 353.90 | 1 265 308.00 | 1 998 481.00 | 46 308.50 |
| 2011 | 489 300.60 | 15 517.90 | 491 408.50 | 1 332 681.00 | 2 059 284.00 | 59 698.10 |
| 2012 | 540 367.40 | 16 155.30 | 494 957.20 | 1 377 456.70 | 2 086 929.00 | 66 926.90 |
| 2013 | 595 244.40 | 16 691.50 | 503 175.60 | 1 429 445.40 | 2 115 256.00 | 71 016.70 |
| 2014 | 643 974.00 | 17 393.10 | 513 698.00 | 1 486 079.30 | 2 139 964.00 | 79 199.70 |
| 2015 | 689 052.10 | 18 036.60 | 530 465.70 | 1 564 123.90 | 2 181 064.00 | 83 232.60 |

| 国家 | 沙特 | 缅甸 | 澳大利亚 | 越南 | 蒙古国 |
|------|------|------|----------|------|--------|
| 单位 | 百万沙特里亚尔 | 十亿缅甸元 | 百万澳元 | 十亿越南盾 | 十亿图格里克 |
| 2000 | 710 680.97 | 2 940.72 | 685 853.00 | 441 646.00 | 1 224.06 |
| 2001 | 690 515.51 | 4 087.81 | 728 873.00 | 481 295.00 | 1 391.88 |
| 2002 | 711 022.20 | 6 480.24 | 781 089.00 | 535 762.00 | 1 550.61 |
| 2003 | 809 278.71 | 8 889.47 | 829 171.00 | 613 443.00 | 1 829.07 |
| 2004 | 970 283.49 | 10 458.84 | 892 872.00 | 715 307.00 | 2 361.16 |
| 2005 | 1 230 771.34 | 14 154.24 | 962 695.00 | 914 001.00 | 3 041.41 |
| 2006 | 1 411 491.01 | 19 414.22 | 1 038 968.00 | 1 061 565.00 | 4 027.56 |
| 2007 | 1 558 827.28 | 26 882.99 | 1 132 885.00 | 1 246 769.00 | 4 956.65 |
| 2008 | 1 949 237.77 | 31 643.68 | 1 236 547.00 | 1 616 047.00 | 6 552.81 |
| 2009 | 1 609 117.12 | 34 896.52 | 1 258 602.00 | 1 809 149.00 | 6 590.64 |
| 2010 | 1 975 542.90 | 39 776.77 | 1 359 964.00 | 2 157 828.00 | 9 756.59 |
| 2011 | 2 510 650.36 | 46 307.89 | 1 458 087.00 | 2 779 880.00 | 13 173.76 |
| 2012 | 2 752 333.56 | 51 259.26 | 1 507 430.00 | 3 245 419.00 | 16 688.42 |
| 2013 | 2 791 259.03 | 58 012.76 | 1 559 702.00 | 3 584 262.00 | 19 174.24 |
| 2014 | 2 826 868.74 | 65 437.10 | 1 605 532.00 | 3 937 856.00 | 22 227.05 |
| 2015 | 2 449 572.33 | 76 822.86 | 1 633 722.00 | 4 192 862.00 | 23 134.07 |

# 后　记

　　本书是黑龙江东方学院重点课题《新常态下"五化"协同推进黑龙江省产业结构调整研究》(项目编号:HDFKY190201)、黑龙江东方学院核心课程(编号1810605)和黑龙江省教育厅高等教育教学改革研究项目《地方特色产业视角下培养应用型外贸人才教学模式改革和课程体系优化研究与实践》(项目编号:SJGY20190542)、黑龙江省哲学社会科学研究规划项目《"一带一路"框架下黑龙江省参与中俄共建"冰上丝绸之路"研究》(项目编号:19GJE285)、黑龙江东方学院科研项目《中俄共建"冰上丝绸之路"研究》(项目编号:HDFHX180201)、黑龙江省经济社会发展重点研究课题(外语学科专项)《应用技术型大学对俄贸易专业商务俄语课程建设研究》(项目编号:WY2019097-C)的阶段性研究成果。本项目研究期间以习近平总书记为核心的党中央毫不动摇地坚持和发展中国特色社会主义,勇于实践,善于创新,形成了一系列治国理政新理念、新思想、新战略,为在新时期深化改革开放,加快推进社会主义现代化建设提供了科学理论指导和行动指南。

　　本项目在前期的调研报告、专题咨询报告和发表的系列学术论文等成果基础上形成了书稿,以专著形式作为项目的最终成果。"一带一路"是"新丝绸之路经济带"和"21世纪海上丝绸之路"的简称,2013年9月和10月由中国国家主席习近平分别提出建设"新丝绸之路经济带"和"21世纪海上丝绸之路"的合作倡议,依靠中国与有关国家既有的双多边机制,借助既有的、行之有效的区域合作平台,积极发展与沿线国家的经济合作伙伴关系,共同打造政治互信、经济融合、文化包容的利益共同体、命运共同体和责任共同体。"中蒙俄经济走廊"是"一带一路"六大经济走廊之一,中蒙俄经济走廊有两个通道,一是华北通道,从京津冀到呼和浩特,再到蒙古国和俄罗斯;二是东北通道,沿着老中东铁路从大连、沈阳、长春、哈尔滨到满洲里和俄罗斯赤塔。本书针对黑龙江省经济振兴面临的问题,通过黑龙江省实施"五化"同步推进战略实现产业结构优化升级,进行了较为深入系统的研究。

整个课题和书稿由本人作为课题负责人设计研究思路,提出研究计划和撰写提纲,初稿完成后由课题负责人负责总纂定稿。在此衷心地感谢郭振教授。从课题的选题、本书的框架设计、初稿完成再到定稿,郭老师自始至终为我提供了耐心的指导,老师的人品和学术水平深深地影响着我,他是我一辈子的学习榜样,激励我在科研和工作的道路上励精图治,不断创新。

本书仅是一项阶段性成果,其中存在的问题、不足甚至错误在所难免。我们真诚希望国内专家学者以及从事实际经济工作的各位同仁提出宝贵的批评意见。我们也将进一步推进和深化对这一问题的研究,后续研究成果将以论文形式发表。

李艳华
2020 年 10 月于哈尔滨